**rowohlts monographien
begründet von Kurt Kusenberg
herausgegeben
von Klaus Schröter**

Heinar Kipphardt

**mit Selbstzeugnissen
und Bilddokumenten
dargestellt von
Adolf Stock**

Rowohlt

Dieser Band wurde eigens für «rowohlts monographien» geschrieben
Den Anhang besorgte der Autor
Herausgeber: Klaus Schröter
Mitarbeit: Uwe Naumann
Assistenz: Erika Ahlers
Schlußredaktion: K. A. Eberle
Umschlagentwurf: Werner Rebhuhn
Vorderseite: Heinar Kipphardt (Foto Isolde Ohlbaum)
Rückseite: Plakat zur «Oppenheimer»-Aufführung
des Berliner Ensembles, 1965

Veröffentlicht im Rowohlt Taschenbuch Verlag GmbH,
Reinbek bei Hamburg, März 1987
Copyright © 1987 by Rowohlt Taschenbuch Verlag GmbH,
Reinbek bei Hamburg
Alle Rechte an dieser Ausgabe vorbehalten
Satz Times (Linotron 202)
Gesamtherstellung Clausen & Bosse, Leck
Printed in Germany
980-ISBN 3 499 50364 6

Inhalt

Heinar Kipphardt

Einleitung

Heinar Kipphardt gilt neben Peter Weiss und Rolf Hochhuth als wichtigster Repräsentant des Dokumentartheaters. Mit seinem Stück *In der Sache J. Robert Oppenheimer* erlangte er Weltruhm. Der Name Kipphardt gilt seitdem für viele geradezu als ein Synonym für Dokumentartheater. Doch hat dieser Ruhm auch einen negativen Aspekt: leicht wird der Blick auf den Theaterpraktiker und den Autor von Gedichten, Prosa und Fernsehspielen verdeckt.

Sicher, Kipphardts bevorzugte Methode war es, Material zu reflektieren, zu montieren, doch ist die Vorstellung falsch, seine Stücke seien schematisch «mit der Schere» gemacht. Unter Respektierung der Fakten hat sich Kipphardt frei im Stoff bewegt, mit seiner subjektiven Schreibweise, seiner Szenenführung. Es war die Arbeit des Schriftstellers, den historischen Dokumenten eine allgemeine Bedeutung zu entreißen. Bei dieser Arbeit sollte der Zuschauer miteinbezogen werden, so Kipphardts erklärte Absicht.[1]* Das Etikett Dokumentartheater hat Kipphardt für seine Stücke entschieden abgelehnt.

Der Autor dieser Monographie verzichtet bewußt darauf, seinerseits eine Definition des Dokumentartheaters zu liefern oder gar eine implizite Theorie des dokumentarischen Dramas seiner Darstellung zu Grunde zu legen. Der Begriff wird umgangssprachlich verwendet, so wie er allgemein geläufig ist. Auch indirekt ließe sich bei Kipphardt keine Theorie des Dokumentartheaters aus den verstreuten theoretischen Anmerkungen gewinnen. Die von ihm ins Feld geführten Argumente sind zu widersprüchlich.

Genau verfolgt wird indessen, wie Kipphardt dokumentarisches Material als Ausgangspunkt für seine literarische Arbeit benutzte. Ein sorgfältiger Umgang mit Materialien, seien es Verhandlungsprotokolle, wissenschaftliche Literatur oder selbst recherchierte Daten, ist für ihn kennzeichnend. Überraschenderweise geben Kipphardts *Traumprotokolle* (ein Buch, das 1981 erschien) besonderen Aufschluß über seinen Umgang mit Dokumenten. Gerade an den *Traumprotokollen* – den nur scheinbar

* Die hochgestellten Ziffern verweisen auf die Anmerkungen S. 134f.

subjektivsten Äußerungen Kipphardts – läßt sich zeigen, wie aus Material Literatur entsteht.

Heinar Kipphardt verstand sich selbst als Marxist, er war ein politischer Autor. Der biographische Text setzt dies als selbstverständlich voraus. Die Tatsache soll weder legitimiert noch in Frage gestellt werden. Der Gestus dieser Monographie ist ein anderer: es geht um Verstehen. Die inneren Zusammenhänge der Sozialisationsgeschichte Kipphardts, wie sie sich mit seinem Werk und seinen Lebensumständen verknüpft, werden thematisiert.

Die Zitierweise verdankt sich zum Teil dieser Absicht. In den ersten Kapiteln werden literarische Belege angeführt, um Biographisches zu versinnlichen. In den späteren Kapiteln, die sich intensiv mit Kipphardts Werk beschäftigen, wird besonders auf lebensgeschichtliche Zusammenhänge geachtet. Die Monographie stützt sich nicht nur auf publizierte

Kipphardt mit einer Porträtbüste von Franz Josef Kampmann

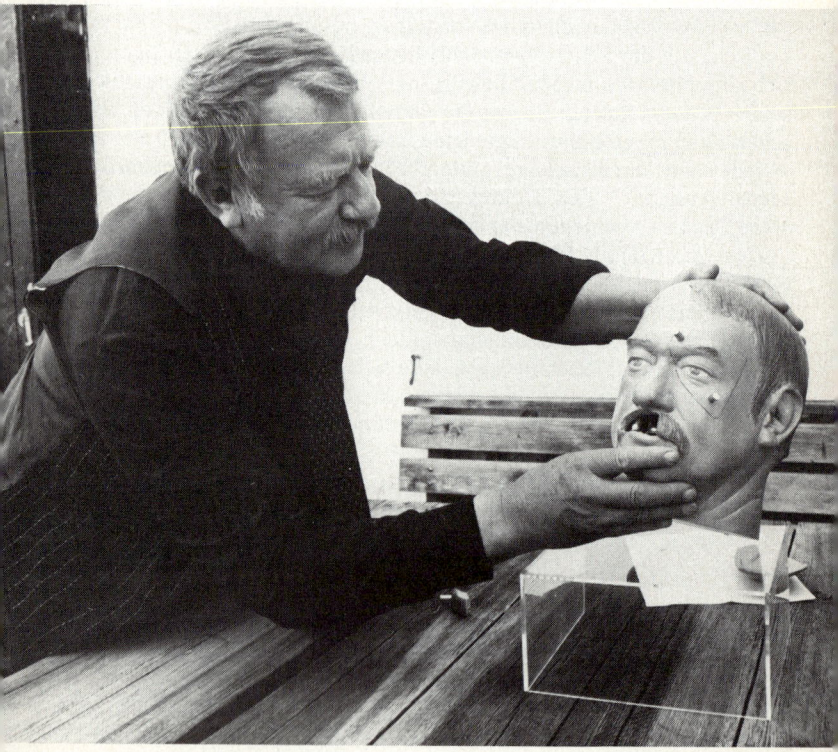

Äußerungen Kipphardts und unveröffentlichte Quellen, darüber hinaus wurden eine Reihe offener Interviewgespräche mit Personen geführt, die Kipphardt gut kannten. Das recherchierte Interviewmaterial wurde als wichtige Quelle bei der Darstellung berücksichtigt.

Am Sonntag, dem 28. Januar 1979, hat Kipphardt folgenden Traum notiert: *Ich sortiere einen Nachlaß, der aber vorwiegend aus Brillen besteht und einigen Hörgeräten. Die Brillen sind von ganz unterschiedlicher Sehschärfe, auch verschieden groß, aus ganz verschiedenen Zeiten stammend. Ein Zwicker an schwarzer Seidenschnur hat ein Glas, das verkleinert, und eins, das vergrößert, anscheinend ist in der Mitte auch noch eine Lupe eingebaut... Die Hörapparate sind auch eher von ihren verschiedenen Systemen her interessant, sie stellen keine Hilfe dar, da ihre Batterien aufgebraucht und nicht mehr im Handel sind. Mit einem Gerät ist mir, als höre ich alles in einer mir fremden Sprache. In einer Plastiktüte noch viele Bleistiftstummel, die schreiben.*[2]

Das Traumnotat liest sich wie ein Kommentar zur Arbeit des Biographen. In diesem Zusammenhang gewinnt eine Überlegung von Ernst Bloch an Bedeutung, der die Monographie auch folgt. Bloch, der von Kipphardt hoch verehrt wurde, ein Gedicht ist ihm gewidmet[3], schrieb in seiner «Tübinger Einleitung in die Philosophie»: «Es ist nicht gut nebenher zu leben. Aber aufs Nebenbei zu achten, ringsum, das ist ein anderes, hilft weiter. Der Blick hierfür kann nicht scharf genug geübt werden. Er achtet auf das, was nicht in den glatten Kram paßt, und achtet es besonders. Er rauht auf, hält an, wo das übliche Auge nichts sieht, also weitergleitet.»[4]

Ernst Blochs Blick auf die Wirklichkeit kann man als ein Verfahren verstehen, beim Denken der *Eichmann-Haltung* zu entrinnen, die Kipphardt am Ende seines Lebens analysiert hat. Dieser Intention folgt die Monographie.

Schlesien

Im September 1977 fuhren Heinar Kipphardt und seine Frau Pia nach Lagiewiki in Schlesien. Die Ortschaft liegt am Rande des Eulengebirges und hieß vor 1945 Heidersdorf. Auf der mitgenommenen Straßenkarte war Heidersdorf nicht eingezeichnet, die polnische Ortsbezeichnung war ihnen unbekannt. Sie versuchten an Hand der Karte, Kipphardts Geburtsort zu finden. Kipphardt wußte, welcher Berg in der Nähe lag, und er erinnerte den Fluß. In Heidersdorf war mit der jetzt dort lebenden Bevölkerung keine Verständigung möglich. Niemand im Ort sprach deutsch. Auch die älteren Leute sprachen polnisch, sie waren Umsiedler aus der Ukraine oder kamen aus dem ehemaligen Ostpolen, das nach 1945 an die UdSSR fiel. Auf dem Friedhof, wo Kipphardts Großeltern

Die Bäckerei des Großvaters

hätten liegen müssen, fanden sie nur drei fremde deutsche Gräber und Grabstätten mit gefallenen Soldaten aus dem Zweiten Weltkrieg. Die alten Häuser des Ortes standen noch. Sie wirkten auf Kipphardt erschreckend klein, er hatte sie weit größer in Erinnerung. Sie gingen zum ehemaligen Haus von Kipphardts Großeltern und betraten die Bäckerei, in der am 8. März 1922 Heinrich Mauritius Kipphardt zur Welt kam. (Erst später wurde Heinrich Mauritius, zunächst von seiner Mutter, Heinar genannt.) Die Bäckerei betrieb jetzt ein polnischer Bäcker.

> *Das Brot aus dem Backofen meines Großvaters*
> *Lagiewiki, ehemals Heidersdorf*
> *(Bäcker Szczepaniak)*
> *ist auf der Autofahrt schimmlig geworden*
> *langer grünstaubiger Riß auf mehliger Unterseite.*
> *Versteinert dient mir das Brot*
> *braun auf dem Fensterbrett*
> *als Kinderzeit-Denkmal.*
> *Sah, in die Höhe gehoben, einstmals*
> *das Land meiner Sehnsucht*
> *braun werdende Pfefferkuchen.*
> *In dieser Backofengrube roch ich*
> *Mohnschnecken und Eierschecke.*
> *Graf Strachwitz warf seine Bombe*
> *durch dieses Backstubenfenster.*
> *Durch diese beschädigte Haustür*
> *kamen die Bauernburschen (SA)*
> *zur ersten Hausdurchsuchung.*
> *Hier wurde ich geboren.*[5]

Mütterlicherseits kamen Kipphardts Vorfahren aus Schlesien. Es sollen lebensfrohe, heitere Menschen gewesen sein, die gerne aßen und tranken. Kipphardts Mutter Elfriede, geborene Kaufmann, war wie Heinar in der Heidersdorfer Bäckerei zur Welt gekommen. Bei Heinars Geburt waren die Eltern sehr jung, Anfang Zwanzig. Heinar blieb Einzelkind. Es wird berichtet, daß er zur Großmutter ein inniges Verhältnis hatte. Sie war eine strenggläubige Katholikin, die regelmäßig die Kirche besuchte. Sie konnte drastisch schimpfen, singen und Klavier spielen.

Der Vater Heinrich Kipphardt stammte aus dem Sauerland, seine Familie galt als spartanisch und unmusikalisch. Kipphardts Großvater väterlicherseits war Kettenschmied gewesen. Er kam früh ums Leben; während er mit dem Pferdewagen über Land fuhr, wurde er durch eine Unachtsamkeit von einem anderen Pferdefuhrwerk überrollt. Heinar Kipphardt trug eine Münze des Großvaters bei sich, die Spuren von diesem Unfall aufwies. Der Witwe blieb die Aufgabe, sechs Kinder allein großzuziehen.

Heinrich und Elfriede Kipphardt mit dem jungen Heinar

Nach Beendigung der Schule machte Kipphardts Vater eine Dentisten-lehre, um Zahnarzt zu werden. Es bedurfte damals für diesen Beruf kei-nes Universitätsstudiums, eine praktisch-handwerkliche Ausbildung ge-nügte. Durch die Ereignisse des Ersten Weltkriegs verschlug es Heinrich

Kipphardt nach Schlesien, und er entschloß sich zu bleiben. Seine Frau hatte er als Telefonfräulein auf einer schlesischen Post kennengelernt. Er ging auf das Amt, um ein Telegramm aufzugeben, dort ergab sich eine Verabredung. Die Episode ist bezeichnend für Kipphardts Vater, der als ein Mann beschrieben wird, der sorgfältig auf seine Kleidung achtete und den Frauen stets Komplimente machte.

Nach der Geburt von Heinar zog die junge Familie in die Nachbargemeinde Gnadenfrei, das heutige Pilawa Górna. Heinrich Kipphardt eröffnete dort eine Zahnarztpraxis. Die Familie bezog das obere Stockwerk einer geräumigen Jugendstil-Villa in der Bahnhofstraße 9. Später wurde das ganze Haus bewohnt.

Durchfahre das Dorf, erkenne es erst am Bahnhof. Jetzt funktioniert die Kindererinnerung. Topografie von Schritt zu Schritt. Vom Bahnhof zurück finde ich das verwahrloste, unbewohnte Elternhaus. Bahnhofstraße 9

Die «Villa Dorn», in der Kipphardt aufwuchs. Aufnahme von 1977

(Kantor Dampfeld der Eigentümer). Diente offensichtlich, der großen Räume wegen, längere Zeit als Büro, jetzt mit alten Büromöbeln vollge-stellt.[6]

Gnadenfrei war eine Gründung der protestantischen «Herrnhuter Brü-dergemeine». Friedrich der Große garantierte den Protestanten im katholischen Schlesien die Gewissensfreiheit und das Recht auf Reli-gionsausübung. Im 19. Jahrhundert siedelte sich in Gnadenfrei die Textil-industrie an. Es war einer jener Orte, die Gerhart Hauptmann in seinem Stück «Die Weber» beschrieben hat. *Ich bin in einem schlesischen Weber-dorf der Hauptmann-Gegend aufgewachsen. Von der Arbeit an ihren Web-stühlen heimgekehrt, berichteten alte Arbeiter von der Zeit der Hungerre-volten zu Ende des vorigen Jahrhunderts, als der mechanische Webstuhl ihre arme Existenz zu vernichten drohte.*[7]

Die Kipphardts waren katholisch, aber nicht strenggläubig. Es wurde der Konvention Genüge getan. Heinar brachte es bis zum Meßdiener; die üblichen Jugendscherze, die diese Aufgabe mit sich bringt, sind überlie-fert. Religion spielt in Kipphardts Werk kaum eine Rolle, doch hat ihn beispielsweise das Gewalt- und Erlösermotiv in der christlichen Osterge-schichte interessiert. Der schizophrene Dichter Alexander März, eine literarische Figur, die Kipphardt in den siebziger Jahren entwirft, hat aus-geprägte Erlöserphantasien, die zu seinem Wahnsystem gehören. Mög-licherweise ist Kipphardts zeitweiliger moralischer Rigorismus auch auf die pietistischen Einflüsse Gnadenfreis zurückzuführen. Bedeutender ist indessen, daß Kipphardt in einer Gemeinde aufwuchs, die früh bürger-liche Rechte verwirklichte und in der soziale Kämpfe des 19. Jahrhun-derts stattgefunden hatten.

Als Kipphardt 1977, zum erstenmal nach dem Zweiten Weltkrieg, wie-der nach Schlesien kam, führte er ein Arbeitsjournal. *Ich notiere Einfälle in ein Notizbuch, das ich mit mir herumtrage, Beobachtungen, Gedanken, Leute, auch Träume, Ängste etc.... Möglichst genau, möglichst anschau-lich, möglichst kurz.*[8] In kleinformatigen Heften, die mit der Aufschrift *Notate* versehen sind, stehen assoziativ und unmittelbar biographische Erinnerungsspuren. *Die Brücke über die Peile neu + bunt gestrichen... Spielschule, Leichenhalle, jetzt Hühnerstall. Villa Dorn von weitem ju-gendstilig zu sehen. Jugenstilfenster. Haus offenbar von Leuten in gehobe-ner Position bewohnt. Leidlich erhalten. Garten wüst. Verandamauer zum Garten weggebrochen. Weinlaub weg. Türen ersetzt, gestrichen. Die ab-scheulichen Farben verderben überhaupt viel. Bauernschenke, Weg, Gra-ben, Rohre, Liebigfabrik weggerissen. Schornstein weg. Aber die Stelle unter dem Baum, wo die Zahnkarpfen in einer Streichholzschachtel begra-ben wurden. Alte Entfernungen sind unglaublich zusammengeschrumpft. Armenhaus, Feuerwehrturm, Klingberghaus (Richter), Kühlhaus vom Fleischer Herzog. An der Ecke ein Kiosk (Reich), wo Litfaßsäule war. Gärtner jetzt Kohlenhandel...*

14

B. war Ortsgruppenleiter der NSDAP.
Lotte Slawik
Figurenwerfen
Die zwei Erinnerungen.
Die Zerstörung einer Erinnerung durch die Realität. Die Aufhebung der
Erinnerung in der kränkenden Realität. Vielleicht eine umso stärkere Be-
hauptung der Erinnerung. Überall Misthaufen, Kohlehaufen, Baudreck,
Karnickelställe, Gänse, Enten.[9]

Erinnerungen an Kindheit und Jugend sind für Kipphardt nie heiter
und unbeschwert. Er erinnert eine Welt, die mit Ängsten und Aggressionen erfüllt ist, eine ambivalente Gefühlswelt, die einer großen inneren
Bedrohung gleichkommt. Die frühen Ereignisse in Familie, Schule und
Dorf stellten für Kipphardt eine kaum zu bewältigende Herausforderung
dar. In dem Roman *März* finden sich einige Passagen, in denen er biographisches Material verwendet hat. Eine Kindheitserinnerung Kipphardts
hat im Roman folgenden Wortlaut: *Einmal im Winter mit Schlittschuhen*
brachten mich heim die Brüder Finke, stellten mir ein Bein und stießen
mich, nahmen mir Mütze und Schlittschuhkurbel. Schnell atmend lief ich
ins Haus. Doch ich war beobachtet worden. Was ist? fragte ruhig der Vater.
Ich zuckte die Achsel und schwieg. Er gab mir vom Haken die Hundepeit-
sche. «Raus und zurück mit der Mütze!» Da lief ich voll Todesmut, doch
stürzte die steinerne Verandatreppe herab, blutete aus der Nase. Da
schämte sich meiner der Vater und trug mich still ins Haus.[10]

Heinrich Kipphardt wird als impulsiv und spontan beschrieben. Ein
Mann, der kein Blatt vor den Mund nahm, er konnte jähzornig und auto-
ritär sein, und er war es gewohnt, seine Interessen durchzusetzen. Es gibt
die Geschichte, daß Kipphardt bei einem Patienten des Vaters die Rechnung kassieren sollte; als er unverrichteter Dinge heimkam, weil der Pa-
tient ihm die Tür vor der Nase zugeschlagen hatte, ist der Vater selbst zum
Haus des Patienten gegangen. Er soll an der Haustür geklingelt haben,
und als der nichtsahnende Mann die Tür öffnete, entwendete ihm Heinrich Kipphardt das Gebiß und ging davon. Der Vater hatte auch einen
jungenhaft verspielten Zug. So wird berichtet, daß der begeisterte Motor-
radfahrer oft mit seiner Frau ausfuhr, obwohl sie am Motorradfahren kein
Interesse zeigte, sogar Angst hatte. Bei einer dieser Fahrten war sie von
der schweren BMW-Maschine gefallen, ohne daß es ihr Mann bemerkte.

> *Der Vater*
>
> *Der Vater ist viereckig*
> *und raucht*
> *schwarze Virginia*
> *Am Sonntag im Bett*
> *zieht er den Kindern gern*
> *schnurgerade Scheitel.*[11]

Heinar Kipphardt bewunderte seinen Vater, doch gleichzeitig hatte er Angst vor ihm. Manchmal haßte er den Vater, auch Mordgedanken waren ihm nicht fremd. Ein mächtiger Selbstbehauptungswille, ein Drang, sich dem Vater gegenüber durchzusetzen, war Kipphardt eigen. Eine ebenfalls biographisch gesicherte Stelle im *März*-Roman beschreibt den Konflikt:

Familienfoto. Der Hund meines Vaters war eine Hündin, ein Rasse-Cocker-Spaniel, braun gesprenkelt und mußte volldressiert auf meinen Vater hören in jeder Lebenslage, Herr und Hund perfekt, im Unterschied zu mir. Eines Tages, in der Dämmerung, als sie läufig war, entlief sie dem Vater, der pfiff auf der Hundepfeife, so hell an die 10000 Hertz, aber sie kam nicht und entlief. Das war für mich ein Triumph. Sie kam den ganzen Abend nicht, und es wartete der Vater allein in der schwarzen Wohnstube und trank Bier bei Radio Königswusterhausen. Als sie dennoch nicht kam, legte er sich ins Bett und stritt mit meiner Mutter. Sie kam aber, als es schon hell wurde, pudelnaß und versaut jaulte sie und kroch auf dem Boden. Ich hörte, wie sie der Vater ungeheuer mit der Hundepeitsche schlug und trat, daß sie nur noch quietschte. Die Mutter wollte ihn zurückhalten, da machte er aus der Hundeleine eine Schlaufe und hängte die Rassehündin an den Garderobenhaken, der aber abriß, und die Hündin schiß auf den Kokosläufer. Den reinigte die Mutter mit warmem Wasser und Seifenlauge. Es war meine Empfindung, es ist nicht die Hündin an dem Garderobenhaken, sondern die Mutter. Wenn ich neun bin, erschieße ich ihn mit seinem Dienstrevolver, tröstete ich mich. [12]

In einem Notatheft von 1977 fragt Kipphardt: *Warum immer diese Gewalt?* Das ambivalente Verhältnis zum Vater wurde durch eine enge Beziehung zur Mutter verstärkt und konterkariert. Kipphardt liebte die Mutter grenzenlos, und sein kindlicher Heldenmut galt ihr und ihrem Schutz. Mutter und Sohn bildeten eine verschworene Gemeinschaft gegen die autoritären Ansprüche des Vaters. Bei familiären Auseinandersetzungen, die auch handgreiflich werden konnten, hielten beide zusammen.

Die Mutter

Die Mutter ist eine Milch
eine schöne warme.
Aber in der man ertrinkt. [13]

Ambivalente Gefühle auch der Mutter gegenüber. Angst vor zu großer Nähe, sie übt einen bedrohlichen, lebensgefährlichen Sog aus, vor dem es sich zu schützen gilt.

Erinnerungen des kranken Dichters H. K.
an seine Mutter E. K.

Sie näht im Fenster zum Hof
an der Nähmaschine.
Schön schwarz über uns ein Gewitter.
Ich richte auf sie meinen Revolver.
Sie fällt nach hinten
und lacht
sich scheintot.
Der Vater indessen zieht Zähne.
Zitterte ich.[14]

Kipphardts Elternhaus war nicht in dem Sinne harmonisch, wie es das bürgerliche Klischee will und gern beschreibt. Es gab in der Familie Widersprüche der Gefühle, die offen ausgelebt wurden. Gegensätze wurden nicht sittsam zugedeckt. Trotz großer gegenseitiger Zuneigung der Eltern war es eine schwierige Ehe, die emotionalen Beben dieser Beziehung erreichten das Kind. 1953, als gut Dreißigjähriger, erinnert sich Kipphardt an diese frühen Jahre in Schlesien. *Ich hieß «der Rote», wie mein Vater hatte ich rötliches Haar. Meine Mutter behauptet, es sei immer blond gewesen, aber die Kinder meines schlesischen Heimatdorfes riefen «Rudschadel» (Rotschädel), und ich fiel über jeden her, der dieses Wort aussprach. Ich fand es erniedrigend und ehrend zugleich. Erniedrigend, weil die Rothaarigen als heimtückisch und häßlich gelten, ehrend, weil es mich außerhalb der Dorfgesetze stellte. Mit fünf Jahren wurde ich nachts geweckt. Ich hörte streitende Stimmen, das Heulen eines Kindes und die feste Beteuerung meines Vaters, daß ein fünfjähriger Junge außerstande sei, irgend jemandem auch nur annähernd solche Verletzungen, wie die vorgewiesenen, beizubringen. Ich wurde gerufen und gab zu, den Sohn des Schlossermeisters so geprügelt zu haben, daß der Arzt hinzugezogen werden mußte. Ich war dazu gekommen, als der Junge, dem ich ohnehin gram war, einen angebundenen Hund mit einer Pferdepeitsche auspeitschte. Ich wurde nicht bestraft, vielmehr beobachtete ich bei späteren Anlässen, daß mein Vater meine Rauflust eher wohlwollend betrachtete. So wurden Prügeleien zu meiner Lieblingsbeschäftigung, ich wollte der Welt – und das war das Dorf – irgend etwas heimzahlen. Das machte mich natürlich nicht beliebt. Es war vielen Kindern unter Strafe verboten, mit mir zu spielen, und ich mußte dauernd auf der Hut vor rachelüsternen Dorfbewohnern sein.*[15]
An Kipphardts unbändigem Verhalten änderte sich auch nichts, als er in die Schule kam. Von 1928 bis 1932 besuchte er die Volksschule in Gnadenfrei. *Ich ging in eine Dorfschule mit den denkbar einfachen Erziehungsmethoden. Nach dem Morgengebet rief der Lehrer: «Hefte raus», um die Schularbeiten zu kontrollieren. Die Kinder der Landarbeiter arbeiteten*

regelmäßig auf dem Felde und konnten infolgedessen ihre Schularbeiten fast niemals machen. Sie gingen auf den stereotypen Ruf des Lehrers wortlos nach vorn und legten sich über die erste Bank, um fünf Rohrstockhiebe zu empfangen. Ich war oft unter ihnen, weil ich fünf Hiebe auszuhalten für weniger mühevoll hielt als drei Seiten in Schönschrift zu schreiben: «Die Juden haben den armen Heiland ans Kreuz geschlagen.» Der Hauptlehrer war häufig betrunken, und die Jungens, die nicht in der Kirche waren, mußten des Pfarrers Teppiche klopfen. Als der Teppich einen größeren Schnitt aufwies – ohne Zweifel mit einer Rasierklinge ausgeführt –, wurde ich von allen Pfarrerdiensten dispensiert und für die Hölle ausersehen.[16]

Nach der vierten Klasse kam Kipphardt auf das Gymnasium. Für die folgende Zeit ist nicht mehr zu rekonstruieren, wann er wo zur Schule ging. Er wird im Laufe seines Schülerdaseins kaum ein Gymnasium in der Umgebung von Gnadenfrei ausgelassen haben. Der häufige Schulwechsel brachte lange Schulwege mit sich, die Kipphardt zu jeder Jahreszeit mit dem Fahrrad oder der Bahn zurücklegen mußte.

Die ersten Lebensjahre Kipphardts waren von familiären und schulischen Konflikten bestimmt. 1933, mit dem Machtantritt des Nationalsozialismus, verschlechterten sich die Lebensbedingungen der Familie abrupt. Heinrich Kipphardt, der überzeugter Sozialdemokrat war und seine politische Meinung nie verleugnete, wurde noch in demselben Jahr ver-

Kommunionsfeier. Heinar im weißen Anzug

*Der Junge
Heinar Kipphardt*

haftet und in das Konzentrationslager Dürrgoy bei Breslau gebracht. Ob ein konkreter Grund für die Verhaftung vorlag, ist bisher nicht bekannt. *Ich war 11 Jahre alt, und meine Kindheit war im wesentlichen beendet.*[17] Die Mutter mußte daraufhin mit ihrem Sohn nach Heidersdorf in die Bäckerei ziehen. Die Familie hatte keine Existenzgrundlage mehr, Elfriede Kipphardt bekam lediglich zwölf Reichs-Mark Sozialunterstützung, ein Betrag, von dem man nicht leben konnte.

Ich erinnere mich eines Sonntags. Wir waren fünfzig Kilometer mit dem Rad gefahren und standen an dem provisorischen Konzentrationslager Dürrgoy bei Breslau. Viele Frauen, meist Arbeiterfrauen, viele Kinder.

19

Häftlinge im KZ Buchenwald

Kurioserweise hatte ich einen weißen Matrosenanzug an. Es hieß, daß Kinder gelegentlich Aussicht hätten, ihre Väter zu sehen. Wir standen etwa acht Stunden, als eine Herde kahlgeschorener Gestalten in Sträflingskleidung über den Schotter in eine besondere Baracke gehetzt wurde. «Da ist Vater», sagte meine Mutter. Ich sollte ihm fünf Mark und einen chiffrierten Zettel geben. Eine Stunde später stand ich meinem Vater in einer Entfernung von drei Metern gegenüber. Er lächelte, seine Nase war schief, es fehlten mehrere Zähne. Ich fürchtete sehr, daß mein Vater weinen könne, wenn ich sprechen würde. So standen wir uns einige Zeit wortlos gegenüber, und ich überlegte, wie ich den Zettel loswerden sollte. Ich täuschte eine Ohnmacht vor und fiel um. Mein Vater hob mich auf, dabei gab ich ihm den Zettel. Wir standen wieder voreinander. Ich dachte: «Nur nicht heulen, nur nicht vor diesen Bestien heulen.»[18]

Die Verhaftung des Vaters bedeutete eine Zäsur in Kipphardts Leben. Aus einer angesehenen Zahnarztfamilie wurden über Nacht politisch fragwürdige Existenzen. Indessen, die mit der Inhaftierung des Vaters verbundene gesellschaftliche Diskriminierung schärfte Kipphardts Blick für die sozialen und politischen Verhältnisse im Nationalsozialismus. Er begann, sich für gesellschaftspolitische Zusammenhänge zu interessieren.

Für kurze Zeit wurde Kipphardts Vater aus dem Konzentrationslager Dürrgoy entlassen, doch schon bald darauf kam er in das Konzentrationslager Buchenwald bei Weimar. Die Gründe für diese zweite Inhaftierung liegen ebenfalls im dunkeln. Um weiterhin ein Gymnasium besuchen zu können, lebte Kipphardt für zwei Jahre bei den Eltern seines Schulfreunds Fritz Adamy. Die wohlhabende Gutsbesitzerfamilie in Danchwitz hatte sich bereit gefunden, den Sohn eines KZ-Häftlings aufzunehmen.

Meine Einstellung zur Schule hatte sich insofern geändert, als ich sie nicht mehr feindselig, sondern lächerlich fand. Ich besuchte damals ein Reformrealgymnasium. Wir lasen «Prinz von Homburg», und ich erinnere mich eines Aufsatzes mit meiner Beweisführung, daß der Prinz von Homburg für mich kein tragischer Held, sondern einfach eine dekadente Nulpe sei, der nicht begreifen könne, daß Befehl eben Befehl sei und daß seine Führerqualitäten infolgedessen absolut null seien. Der Lehrer, ein armseliger Märznazi, suchte mich zu überzeugen. Ich blieb hart. Er hat nie begriffen, daß er verspottet wurde.[19]

Es war die Zeit, als Kipphardt Boxer und Rechtsanwalt gleichzeitig werden wollte. Das grundlegende Thema in Kipphardts Leben und Werk wird hier schon greifbar: der Konflikt zwischen Gehorsam und Befehlsverweigerung, zwischen Autoritätsgläubigkeit und Eigenverantwortung. In seinen Stücken *In der Sache J. Robert Oppenheimer* und *Bruder Eichmann* ist dieser Konflikt das zentrale Thema. Vorerst wird diese prinzipielle Auseinandersetzung durch jugendliches Selbstbewußtsein überdeckt. Intellektuelle Überlegenheit scheint auszureichen, um öffentlich Stellung zu beziehen. In diese Zeit fallen auch Kipphardts erste Schreibversuche. Sie haben wenig mit seinem späteren Werk zu tun. In Erzählungen und Gedichten verlieh er einer inneren Verzweiflung Ausdruck.

1937 wurde Heinrich Kipphardt aus Buchenwald entlassen, mit der Auflage, Schlesien zu verlassen. Deshalb entschloß sich die Familie, nach Krefeld zu ziehen. Im Rheinland wohnten einige Verwandte des Vaters. Schon ein Jahr zuvor war Heinar Kipphardt zu einem Bruder seines Vaters nach Duisburg gezogen, weil er erneut die Schule wechseln mußte. Jetzt zog die Familie gemeinsam in ein mehrstöckiges Mietshaus in der Adolf-Hitler-Straße, die nach dem Krieg wieder in Rheinstraße umbenannt wurde. Hier wohnte die Familie, bis 1943 eine Brandbombe das Haus unbewohnbar machte und die Kipphardts in die Bismarckstraße 60 zogen. Als ehemaligem KZ-Häftling wurde Heinrich Kipphardt die Kassenzulassung verweigert, er blieb auf Privatpatienten angewiesen.

Auch in Krefeld hörten politische Schwierigkeiten nicht auf. Ein anonymer Brief, in dem Kipphardts Vater denunziert wird, ist im Düsseldorfer Hauptstaatsarchiv einzusehen. Es existiert auch eine Gestapo-Akte, die von der Gestapo-Außenstelle Krefeld angelegt wurde. Im Schlußbericht der Gestapo vom 15. Juni 1944 heißt es: «Wenn auch ein Beweis für die in den anonymen Schreiben aufgestellten Behauptungen nicht erbracht werden konnte, so kann doch nach dem Ermittlungsergebnis die Behauptung aufgestellt werden, daß es sich bei Kipphardt um einen Menschen handelt, der sich stets außerhalb der Volksgemeinschaft gestellt und durch sein Verhalten das nationalsozialistische Empfinden der anständig denkenden Volksgenossen verletzt hat. Aus diesem Grund wird vorgeschlagen, Kipphardt für die Dauer von 21 Tagen in Schutzhaft zu nehmen und nach diesem Zeitpunkt nach staatspolizeilicher Warnung zu entlassen.»[20] Nach drei Wochen Gefängnis wird der inzwischen siebenundvierzigjährige Heinrich Kipphardt an die Front geschickt.

In Krefeld besuchte Kipphardt das Gymnasium am Moltkeplatz, wo er Anfang 1940 ein gutes Abitur gemacht hat. Kurz zuvor lernte er seine spätere Frau Lore kennen. Sie war die Tochter einer Krefelder Chemikerfamilie und ein gutes Jahr älter als Kipphardt. Wie von Familienmitgliedern übereinstimmend berichtet wird, hatte Lore Hannen verblüffende Ähnlichkeit mit Kipphardts Mutter. Noch in späteren Jahren kam es häufig zu Verwechslungen am Telefon, weil auch die Stimmen beider Frauen nahezu identisch waren.

Der Abiturient Kipphardt las ganze Nächte hindurch und schrieb Gedichte, die Rilke und besonders Trakl zum Vorbild hatten. Später hat Kipphardt die Mappe mit diesen frühen Schreibversuchen mit einem Zettel *nicht zu veröffentlichen* versehen. Im Freundeskreis wurde regelmäßig aus eigenen Werken gelesen, und es gab eine Theatergruppe. Der Abiturient machte sich über Selbstmord Gedanken und hatte, wie eine Romanfigur Dostojevskijs, Cyankali in der Schreibtischschublade. *Permanente Revolte nach etwas verstaubten Programmen der literarischen Dekadenz. Bruchstückhaftes Gemurmel, das natürlich niemand lesen wollte. Ich wußte nicht, daß ich nur meine Ratlosigkeit mitteilte. Indem ich die Frage nach dem «warum» nicht zu beantworten unternahm, entschuldigte ich den Zustand des «wie», die bestehende Barbarei, obwohl ich sie haßte. Ich glaube, ich empfand, was ich schrieb, aber es genügt nicht ehrlich zu sein, ein Schriftsteller muß wissen, mit dem Kopf und mit dem Herzen.*[21]

Krieg

Nach dem Abitur, 1940, entschloß sich Kipphardt, Arzt zu werden. Gründe für seinen Entschluß gab er 1977 zu Protokoll. *Ich bin in der Nazi-Zeit aufgewachsen. Mein Vater saß in Buchenwald, in einem KZ, und meine Frage war, einen Beruf zu finden, der mich instandsetzte, vielleicht auch das Land zu verlassen. Mit 18 Jahren kann noch niemand sagen: Ich werde ein Schriftsteller. Also wurde etwas studiert, und das nächste war mir die Medizin. Ich hielt es für unsinnig, gerade in der Nazi-Zeit Geisteswissenschaften zu studieren.*[22]

Nach dem Arbeitsdienst bei Karlsbad und in Günzburg/Donau begann Kipphardt, in Bonn Medizin zu studieren, später war er in Köln und Düsseldorf immatrikuliert. *Auf der Universität lernte ich, daß die Universitäten der Schriftsteller nicht die Universitäten, sondern das Leben sind. Mein ohnehin nicht großes Interesse an der Medizin nahm weiter ab, als ich merkte, daß man den Menschen nicht kennenlernt, indem man seine Muskeln zerlegt und seine Organe seziert.*[23]

1942 wurde Kipphardt eingezogen und kam an die russische Front. Während eines Heimaturlaubs Anfang 1943 wurden Kipphardt und Lore Hannen in Porz Urbach, einem Truppenübungsplatz in der Nähe von Köln, getraut. Wie damals üblich überreichte der Standesbeamte den Jungvermählten ein Exemplar von Hitlers «Mein Kampf». Als sie nach der Trauung über die Rheinbrücke zurück nach Krefeld fuhren, hat Kipphardt das Zugfenster geöffnet und das Buch in den Rhein geschmissen. Natürlich hätten die Mitreisenden ihn denunzieren können. Nach der Hochzeit mußte Kipphardt zurück nach Rußland. Im März 1943 wurde die Tochter Linde geboren, doch erst im Sommer 1943 erfuhr Kipphardt von der Geburt, die Post von Deutschland kam nicht durch.

Beim Militär bekam Kipphardt rasch Konflikte mit seinen Vorgesetzten. Seine Kritik konnte schon damals hart und unnachgiebig sein. Er sei, berichtet ein Kriegskamerad, den Leuten «regelrecht ins Gesicht gesprungen». Kipphardt war in Tapiau bei Königsberg stationiert, er kam vom «nördlichen Mittelabschnitt», einem Entlastungsabschnitt für Stalingrad. In der 1960 geschriebenen Erzählung *Der Mann des Tages* steht über eine Stellung während des Rückzugs zu lesen: *Die Stellung war im Anfang März von den Resten der 88. Infanteriedivision bezogen worden, die den*

Lore Kipphardt mit Tochter Linde, 1943

ruhmreichen Winterrückzug der ruhmreichen 2. Armee mit blutenden
Füßen und blutenden Durchfällen überstanden hatten. *Bei Woronesch
verzweifelnd, bei Kursk verreckend, bei Kasablanowka sich wieder auf-
richtend, als sie die erste Schweinefleischkonserve bekamen und ihnen die
berühmte Rede des Reichsmarschalls verlesen wurde, in der es hieß: «Wan-
derer, kommst du nach Stalingrad, so sage, du habest sie liegen gesehen,
wie das Gesetz es befahl.» Klassische Worte, wie man weiß, zur rechten Zeit
gelassen ausgesprochen, bedenkend, daß viel Kriegsmoral gebraucht wird,
wo wenige Panzerwagen sind und Überlebende. So wenige übrigens hier,
daß die Armeeführung nicht länger von einer 88. Infanteriedivision reden*

mochte und kurzer Hand deren Reste mit anderen Divisionsresten zu einer neuen Division, der 327., verschmolz und dringend Heimatreserven anforderte.[24]

Zur Garnison nach Tapiau kamen die Soldaten gewöhnlich, wenn sie zurück an die Ostfront geschickt werden sollten, das bedeutete damals: Stalingrad. Zwölf bis fünfzehn Soldaten bewohnten eine Stube. Kipphardt trug zu jener Zeit eine «Pennerkrause», also einen Lockenkopf. Einmal, so die Erzählung des Kriegskameraden, habe der Spieß von Kipphardt verlangt, er solle sich die Haare schneiden lassen. Daraufhin habe er sich mit den Worten widersetzt, dies käme einer Verstümmelung gleich. Mit unerschrockenem Verhalten gegenüber Autoritäten machte Kipphardt gehörigen Eindruck bei seinen Kameraden. In *Der Mann des Tages* charakterisiert er einen Vorgesetzten während des Krieges. *Der Unteroffizier Ziemer war ein großer Doppelkopfspieler und aus Westfalen. Dem Land der roten Erde, der Treue und der Rindviehzucht. Ausgesprochener Pflichtmensch, der er war, duldete er keine Laxheit. Er verlangte Ordnung, Gehorsam und Ernst. Gemütsbewegung abhold, konnte er zum Melancholiker werden, wenn einem Rekruten Haare unter der Feldmütze vorsahen, denn er hatte erkannt, daß sich im Haarschnitt die Seele des Soldaten verriet. Wenn er die Nacken seiner Rekruten mit einer Lupe abging, kontrollierte er Seelen.*[25]

In mehreren Kriegserzählungen, *Der Hund des Generals* (1956), *Der Mann des Tages* (1960) und *Der Deserteur* (1977), hat Kipphardt seine Kriegserlebnisse literarisch verarbeitet. Theaterstücke wie *Der Hund des Generals* (1962), *Joel Brand. Die Geschichte eines Geschäfts* (1965) und *Bruder Eichmann* (1983) haben Kriegsereignisse unmittelbar zum Thema. Der Nationalsozialismus und die Erfahrung des Krieges, die er als Soldat an der Ostfront gemacht hat, werden Kipphardt zeit seines Lebens nicht mehr loslassen. *Die Vergangenheit wird erst ruhen, wenn sie wirklich Vergangenheit geworden ist. Zur Stunde ist sie das nicht. Weder theoretisch noch praktisch. Wir werten unsere Vergangenheit wie eine unerklärliche Krankheit, die auf unerklärliche Weise ausgebrochen ist und uns Angst macht. Aber ihre Ursachen sind untersuchbar, die Krankheit ist abwendbar, die Wiederholung vermeidbar, hier und an anderen Plätzen der Erde.*[26] In seiner Prosa und in seinen Stücken hat er die *penetrante Sachlichkeit des Grauens*[27] beschrieben. *Ein Körper ist von einer Granate auseinandergerissen, gut, die Reste werden in eine Zeltbahn gelegt. Es ist kalt auf der Straße, gut, ein Haus wird angezündet. Man braucht trockenes Holz dazu, gut, die Holzplatte einer Ikone gibt trockene Späne.*[28] Die *penetrante Sachlichkeit des Grauens* und die «Banalität des Bösen»[29], wie es Hannah Arendt in ihrem Prozeßbericht über Eichmann nannte, waren Bedingungen für den Nationalsozialismus und für Auschwitz. Kipphardt spürte diese Bedingungen in den Verhaltensweisen seiner Mitmenschen auf, mit der Niederlage Hitlers und mit dem Ende des Zweiten Weltkriegs

Kipphardt als Soldat

waren sie nicht verschwunden. Der deutsche Faschismus war für Kipphardt kein Ausrutscher der Geschichte, sondern nur für einen bestimmten Zeitraum der angemessene Ausdruck einer noch überall vorfindbaren gesellschaftlichen Haltung. Dies zu zeigen ist eines der bleibenden Themen in Kipphardts schriftstellerischem Werk.

Über seinen Bewußtseinszustand während dieser Kriegsjahre schrieb er später: *Ich erlebte Grauenvolles, ich erlebte Unerträgliches, aber ich begriff immer noch verhältnismäßig wenig.*[30] Das änderte sich erst mit dem Studium der marxistischen Klassiker, die ihm das theoretische Rüstzeug für das Verständnis gesellschaftlicher Zusammenhänge vermitteln sollten. *Als ich im Januar 1944 nach Deutschland zu einer Studentenkompanie kommandiert wurde, zählte unsere ehemals zweihundert Mann starke Kompanie noch fünfunddreißig Soldaten. Ich dachte nicht daran, mich auf das medizinische Staatsexamen vorzubereiten. Ich studierte Ge-*

schichte und las Hegel, Marx und Engels. Dazu Lessing, Diderot, Sten-
dhal, Fielding, Heine und Shakespeare, immer wieder Shakespeare.[31]

Doch vorerst, im Sommer 1943, war Kipphardt an der russischen
Front. Er schrieb von dort aus – im Gegensatz zu dem, was er in seinen
beiden frühen Erzählungen über den Krieg mitteilt – sensible, melancholische Briefe nach Deutschland. *Ich liege im Stroh und gehe nicht gleich-
mütig in den nebligen Tag. Es geht gegen Abend, ich denke, daß wir bald
unser Dörfchen verlassen, der Russe griff, wie ich vorahnte, gestern im
Morgengrauen an und ist nördlich von uns durchgestoßen. Dabei ist nir-
gends etwas von einer Winterstellung zu sehen. Zum Glück ist es noch nicht
gar so kalt, wenn es auch kein Vergnügen ist, Nacht für Nacht draußen zu
liegen. Ich bin jedenfalls bei guter Gesundheit, wenn auch nichts mehr klingen will, ein halbwegs verstimmtes Instrument. (Wenn auch zu hoffen ist,
daß es leicht wieder zu stimmen ist.) Alles Leben hier ist auf Zeitverbringen
gerichtet, eine Truppe abzulösen hat man sich im preußischen Heere abge-
wöhnt, gestern mittag, als ein wenig Ruhe war, kam eine alte Frau gemessen
in unsere HKL* gelaufen, sie konnte nicht begreifen, daß sie nicht in ihr
Haus zurückdurfte, weil dazwischen Iwan lag. Sehr sonderbar dieser zivile
Einbruch in unsere Welt. Post erwarten wir seit langem, aber unsere Wagen*

Deutsche Soldaten bei Stalingrad, 1943

scheinen nicht mehr durchzukommen... Noch in der Nacht vom 4. zum 5. XI. also wurden wir eingeschlossen – bis auf eine Lücke von 200 m, durch die wir hindurchrutschten. Unglücklicherweise kippte an der engen Stelle – einer Brücke – unsere Zugmaschine um – eine recht kitzlige Situation. Die Ari* schoß um uns, wir hörten Iwan rufen, bekamen sie aber schließlich noch raus. Am nächsten Tag kam ein russischer Angriff nach dem anderen, Welle auf Welle mit Panzerunterstützung, alle Geschütze bis auf ein einziges fielen aus. Nächtlich erneut aus dem drohenden Kessel, wir fuhren zum Tross, weißt Du, alle waren in Friedensstimmung, immer wenn das Leben neu gegeben ist. Der Tross machte Stellungswechsel, alles macht wieder «pajecheli»*, der große Treck vom Dnjepr, mit den zusammengekommenen Kräften ist Iwan nicht mehr zu halten. Am meisten fehlt Infanterie, alles zusammengewürfelte Haufen, die beim Anblick eines Panzers türmen.[32]

Gleichzeitig entstehen Gedichte im Schützengraben, die eine freundliche, helle Welt beschreiben, die dem kriegerischen Schrecken entgegengesetzt sind. Ganze Notizblöcke voll, säuberlich geführte Gedichtbände. Sie legen nicht so sehr Zeugnis von Kipphardts lyrischem Können ab, aber sie zeigen seine Verletzlichkeit jener Jahre, die sich hinter seiner Unangepaßtheit auch verbirgt.

> *Der Hädrich blüht,*
> *Es blüht der Mohn.*
> *Es grünt dein silbrig Lachen.*
> *Ein bunter Staub der*
> *will die Welt munter und fröhlich machen.*
> *Am Bach entlang. Libelle girrt,*
> *Ein Schmetterling fliegt leise.*
> *Ein Sonnenstrahl sehr heiter fliesst.*
> *Ich mach mich auf die Reise.*
> *Schnell such mir bunte Kleider her,*
> *Dein Lachen nehm ich mit,*
> *Und wenn die Welt auch torklig wär*
> *Ich käm nicht aus dem Schritt.*
> *Denn hügelauf und hügelab*
> *Vollendet sich im Traum;*
> *Im zauberblauen Grunde blüht*
> *Unser Orangenbaum.*[33]

Die Antiwelt dieser Kriegsgedichte ist ein Plädoyer für das Leben. Kipphardt bewahrt in ihnen eine Hoffnung, die im brutalen Kriegsgeschehen

---

* «HKL» bedeutet Hauptkampflinie; «Ari» Artillerie; «pajecheli» ist russisch und bedeutet: «Fahren wir los!»

verlorenzugehen droht. *Ich habe wieder viele gehen sehen, manchmal scheint es zuviel zu werden, ich muß an Trakls Ende denken, der die Toten nicht mehr ertragen konnte, er war wohl enttäuscht vom Tode, mit dem er doch auf gutem Fuße gestanden haben mußte nach den wundervollen Zeilen: «Ganz offen die Totenkammern sind und schon bemalt von Sonnenschein.»*[34]

Als Student der Medizin kam Kipphardt im Januar 1944 zu einer Studentenkompanie nach Königsberg. Dort fand er Unterkunft bei Familie Senf; Lore und die Tochter Linde zogen ebenfalls nach Königsberg, und die Familie lebte erstmals für kurze Zeit zusammen. Der Studienaufenthalt war für ein halbes Jahr geplant, doch mußte Kipphardt frühzeitig zurück an die Front. Vom Herbst 1944 bis Anfang 1945, bis zu dem Zeitpunkt, als die Sowjetarmee Schlesien besetzte, war ein zweiter Studienaufenthalt in Breslau möglich. Auch in Breslau konnte Kipphardt privat mit seiner Familie wohnen. Zusammen mit einem Studienkameraden hatte er den zuständigen Spieß mit einer Armbanduhr bestochen, so daß sie den benötigten Passierschein bekamen, um die Kaserne verlassen zu können. Kipphardts Mutter war von Krefeld evakuiert, sie wohnte in ihrem Elternhaus in Heidersdorf, der Vater war nach seinem Gefängnisaufenthalt eingezogen worden.

Breslau war Ende 1944 noch nicht zerstört, während die Städte im Westen Deutschlands schon in Schutt und Asche versanken. «Im Zweiten Weltkrieg waren Schlesien und das Erzbistum Breslau fast bis zu Beginn des Jahres 1945 der ‹Luftschutzkeller› Deutschlands. Tausende von Ausgebombten aus dem Westen hatten im Frieden der von Kriegsschäden noch nicht betroffenen, mit landwirtschaftlichen Überschüssen gesegneten Provinz Zuflucht gefunden.»[35] 1944 war es hier durchaus möglich, ein friedvolles Weihnachtsfest zu feiern, zumal die Verwandtschaft auf dem Lande mit zur Versorgung der Kipphardts beitrug. Erst Mitte Januar 1945 drang die Sowjetarmee bis Schlesien vor.

Heinar Kipphardt und ein Kamerad aus der Studentenkompanie meldeten sich fußkrank, sie hatten sich unrechtmäßig ihre Soldbücher beschafft und konnten sich somit frei bewegen. Es hätte sie allerdings ihren Kopf gekostet, wenn sie erwischt worden wären. Sie schlugen sich von Breslau nach Berlin durch und fuhren dann ins Siegerland, wohin Kipphardts Frau und seine Mutter nach der Flucht aus Schlesien evakuiert worden waren. Der Kriegskamerad berichtet, daß sie im Bummelzug in Richtung Siegerland fuhren, als Fliegeralarm gegeben wurde. Die Tiefflieger kamen näher und beschossen die Bahnstrecke, aus dem haltenden Zug flüchteten die Reisenden, um hinter dem Bahndamm Schutz zu suchen. Nur Kipphardt blieb im Abteil und las in einem Gedichtband. Als der Luftangriff vorbei war, lagen neben Kipphardt zwei Tote, während er selbst unverletzt saß und las. Einige Tage später fuhren die beiden Soldaten nach Würzburg, dorthin war die Studentenkompanie verlegt worden.

Von Würzburg aus hat sich Kipphardt von der Truppe abgesetzt. *Als ich*

Beim Angeln

im Januar 1945 neuerlich an die Front sollte, desertierte ich und fuhr nach Hause.[36] Lore und Tochter Linde lagen mit Scharlach im Siegener Krankenhaus. Die Besetzung der Amerikaner stand unmittelbar bevor. Kipphardt selbst mußte sich als Deserteur vorerst verstecken, es bestand Gefahr, daß deutsche Truppen nochmals nach Siegen zurückkommen würden. In Dahlbruch fand er Unterschlupf und traf auf seinen Vater, der ebenfalls desertiert war. Als die Amerikaner kamen, war der Krieg für die Kipphardts zu Ende.

Nach Kriegsende zog Kipphardt mit Frau und Tochter nach Krefeld in die Uerdinger Straße. Er nahm in Düsseldorf sein Medizinstudium wieder auf. Neben seinem Studium, das er oft vernachlässigte, entstanden weitere schriftstellerische Arbeiten, und es gab, wie schon zu seiner Krefelder Schülerzeit, literarisch interessierte Freunde, mit denen gemeinsam Theater gespielt wurde.

Von Anfang an war Kipphardt bewußt, daß sich mit dem Zusammenbruch des Nationalsozialismus die sozialen und menschlichen Verhältnisse nicht von allein bessern würden. Er sah, daß neue Gefahren drohten, und er war entsetzt, wie die Menschen mit ihrer Vergangenheit umgingen. *Der Krieg war zu Ende. Der Faschismus schien erledigt. Seltsam, es gab keinen Nazi, niemand hatte das mindeste gewußt. Ich schämte mich*

Das Häuschen an den Niepkuhlen

der Landsleute, die ohrenbetäubend lamentierten, daß es ihnen dreckig ging. Die weinerliche Literatur, die sentimentalisch den Krieg, die göttliche Weltordnung und die Alliierten anklagte, war mir ebenso unangenehm. Lamentationen, während 35 Millionen schwiegen, niemand weit und breit, der sie umgebracht haben könnte. Trotz allem, ich war voller Hoffnung, ich stahl in der Nacht unsere Kartoffeln, ich trocknete meinen Tabak auf der Kochplatte und hängte den Typus des Dichters als objektiven Seismographen seiner Zeit endgültig an den Nagel.[37] Als Seismographen seiner Zeit hat sich Ernst Jünger bezeichnet; möglich, daß der letzte Satz gegen ihn gerichtet ist, zumal Kipphardt selbst während des Krieges die Literatur als autonomen Bereich neben die Kriegswirklichkeit gestellt hatte, dies wollte er nun nicht mehr gelten lassen. In der unmittelbaren Nachkriegszeit bezieht Kipphardt unmißverständlich Stellung und formuliert seine politische Ästhetik, die fortan für ihn bestimmend sein wird. Die Autonomie der Kunst lehnt er strikt ab, auch soll der Schriftsteller nicht aus einer Beobachterperspektive heraus schreiben. Kipphardt plädiert für eine Literatur, die aktiv in gesellschaftliche Prozesse eingreift und dem politischen Fortschritt dient. Literatur soll nützlich sein, sie soll helfen, menschliche und soziale Bedingungen zu diskutieren und zu verändern.

> *Verbraucht sind die Todeskulte*
> *verbraucht sind die Helden jedweder Art*
> *man hat uns zu lange betrogen*
> *man hat uns zu lange genarrt*
>
> *Wir kennen den Nutzwert der Helden*
> *wir kennen den Nutzwert des Bluts*
> *der Fahnen verbrauchte Gesänge*
> *dumpf in der Furche des Grabs*
> *dumpf in des Schlafs Katakomben*
> *der Schlachtfelder schwarze Bilanz*
>
> *Ich kenne den Mann auf der Straße*
> *ich kenne die Frau meines Stadtteils*
> *sie benötigen keine Helden*
> *sie benötigen keine Fahnen*
> *doch Essen und Zärtlichkeit*[38]

Nicht auszuschließen ist, daß Kipphardts Entscheidung für eine explizit politische Ästhetik, die sich konsequent dem gesellschaftlichen Fortschritt verschreibt, auch ein Stück Selbstschutz vor der Faszination der Gewalt bedeutet. Die Gewaltproblematik hat jedenfalls einen zentralen Stellenwert in seinem Werk.

Im Februar 1946 wurde Kipphardt Assistenzarzt an den Städtischen Krankenanstalten Krefeld, nachdem er kurz zuvor das Staatsexamen erfolgreich bestanden hatte. Sein Monatsverdienst betrug 150 Mark. Noch im gleichen Jahr zog die Familie von der Uerdinger Straße in ein Häuschen an den Niepkuhlen, Nieper Straße 291. In dem kleinen Haus an einem alten Rheinarm gab es zwar kein fließendes Wasser, dafür aber eine Terrasse mit Blick auf den Fluß. Hier konnte Kipphardt in Ruhe schreiben und seinem Angelsport nachgehen. Später, als er nach Angelsbruck vor den Toren Münchens zog, mögen ihn die alte Mühle und der Fluß an die Krefelder Verhältnisse erinnert haben.

1950, Kipphardt lebte schon in Ost-Berlin, beendete er sein Medizinstudium. Am 29. Dezember hat ihm die Medizinische Akademie zu Düsseldorf den Doktorgrad verliehen. Kipphardt hatte über das Thema: *Beitrag zur Frage der Konstanz des Intelligenzquotienten als Hilfsmittel zur Prognosestellung der Intelligenzentwicklung des Kindes* dissertiert und die Note Gut erhalten.

Deutschland – Ost

Ich kam aus dem Krieg mit dem Grundgefühl, daß sich am Hitlerfaschismus die Unhaltbarkeit dieses Wirtschaftssystems, genannt Kapitalismus, gezeigt hat. Das ehemalige Deutsche Reich war in zwei Teile geteilt, die jeweilige Besatzungsmacht behielt sich die Entscheidungsbefugnis vor, den jeweiligen Teil nach ihrem Gusto einzurichten. Die restaurativen Tendenzen im westlichen Teil, die gefielen mir nicht, und ich dachte – obwohl ich nicht riesige Illusionen hatte gegenüber der damaligen russischen Besatzungszone, der späteren DDR –, daß dort eher ein gründliches Umdenken möglich wäre. Und ich dachte, es ist richtig, dorthin zu gehen.[39] Kipphardts Entschluß, 1949 nach Ost-Berlin zu gehen, kam nicht sehr überraschend. Schon die letzten Jahre hatte er die politische Entwicklung in den Westzonen mit Skepsis betrachtet.

Ende der vierziger Jahre wurden in den drei Westzonen die restaurativen Tendenzen merklich spürbar. 1948/49 erreichte der Kalte Krieg, der die kurze Phase der Zusammenarbeit der Siegermächte des Zweiten Weltkriegs beendet hatte, einen ersten Höhepunkt. Die eher bescheidenen Ansätze nach 1945, sich mit der eben zu Ende gegangenen nationalen Katastrophe auseinanderzusetzen, wurden verschüttet, der Antikommunismus wurde zur herrschenden Doktrin, der wirtschaftliche Wiederaufbau zum maßgeblichen Ziel des 1949 gegründeten westlichen Teilstaates Bundesrepublik. Der manische Wiederaufbau machte die Vergangenheit vergessen. Die Westintegration ließ die Bevölkerung der Bundesrepublik zum willkommenen Verbündeten gegen den gleichen Feind wie vor 1945, den «Bolschewismus», werden.

Heinar Kipphardt stand dieser politischen Entwicklung ablehnend gegenüber. *Wir Schriftsteller der Generation, die als Kinder und junge Leute von Faschismus und Krieg geprägt waren, waren in dem antikommunistischen Kosmos der Adenauerzeit die merkwürdigen und verbohrten Rufer in der Wüste – ohne eine wirkliche Verbindung zu größeren Schichten der Bevölkerung und auch zur Arbeiterklasse.*[40] Schon 1954 schrieb Kipphardt mit dem Stück *Der Aufstieg des Alois Piontek* eine Satire auf das westdeutsche Wirtschaftswunder.

Als Arzt in der Charité

O süße Himmelsgabe,
o reine Macht der Banknote,
die du erweckest die Todsüchtigen
und erleuchtest die Kleingläubigen.
Singen machst du die Dichter
und denken die Professoren.[41]

Ab August 1949 hatte Kipphardt eine Assistentenstelle an der psychiatrischen Abteilung der Charité, der renommierten Berliner Universitätsklinik. Im Sommer 1949 zog die Familie nach Ost-Berlin. In einem

35

Gebäude der Krankenanstalt, in der Schumannstraße 20, bekam sie eine Dienstwohnung. Die Zwei-Zimmer-Wohnung war nur über die Gänge der psychiatrischen Station zu erreichen. In den angrenzenden Fluren und Räumen sah man, wie die Patienten medizinisch behandelt wurden und wie sie lebten. In den Arbeiten zu *März* hat Kipphardt die Lebensumstände in solchen Anstalten genau und einfühlsam beschrieben. In *März* kritisiert er die sozialen Bedingungen der Psychiatrie und versucht, die Schicksale psychisch Kranker im biographischen Zusammenhang zu verstehen. *Wo die Schlafräume tagsüber nicht abgeschlossen werden konnten, weil es bettlägrige Patienten gab, oder die Schlafräume gleichzeitig Aufenthaltsräume waren, bestand die Anordnung, daß die Patienten, die nicht körperlich krank waren, sich nur in der Zeit der Mittagsruhe in ihre Betten legen durften. Da es aber nicht verboten war, sich überhaupt hinzulegen, lagen die Patienten über den Tag den Wänden entlang oder in den Gängen zwischen den Betten, sofern sie nicht versucktere Orte bevorzugten... Die Notwendigkeit, sich in einem abgeschlossenen und überwachten System heimlich zu verständigen, hat unter den Insassen eine reiche Gebärden-*

Mit seinen Eltern und Tochter Linde, 1951

Mit Lore Kipphardt und Sohn Jan 1951 auf Hiddensee

sprache entwickelt. Wenn es nicht möglich ist, sich gegen die Anweisungen eines ungeliebten Pflegers mit Worten zu wehren, so drückt man doch wenigstens mimisch oder gestisch aus, was man davon hält, und eben auf eine Weise, die nur von Eingeweihten verstanden wird. Jede Aufsichtsperson wird mit einem charakteristischen, oft vernichtenden Zeichen avisiert. Ich beobachtete Patienten, die sich mit Gebärden Witze erzählten, die ich nicht verstand.[42] In der Schumannstraße kam am 1. September 1950 der Sohn Jan zur Welt. Jetzt wohnte die Familie zu viert in der kleinen Wohnung, zusammen mit einem Boxerhund.

Heinar Kipphardt hatte eine feste Anstellung mit geregeltem Einkommen, doch bemühte er sich von Anfang an um Kontakte zum Theater. In unmittelbarer Nachbarschaft zur Charité befindet sich, ebenfalls in der Schumannstraße, das Deutsche Theater. Die Bühne galt seit Ende des 19. Jahrhunderts, seit der Intendanz von Otto Brahm, als ein Haus, in

37

Das Deutsche Theater, Berlin

dem literarisch anspruchsvolles Theater gespielt wurde. Später leitete das
Deutsche Theater, zusammen mit den 1906 angegliederten Kammerspielen, Max Reinhardt. Im Krieg blieb die Bühne kurze Zeit geschlossen,
doch schon 1945 wurde in der Schumannstraße wieder gespielt, und seit
1946 war Wolfgang Langhoff Intendant. Seit 1949 ist das Deutsche Theater «Staatstheater der DDR». Bis Brecht in sein eigenes Theater am
Schiffbauerdamm zog, hatte sein Berliner Ensemble dort Gastrecht.
Schon 1950 bekam Kipphardt einen festen Vertrag am Deutschen Theater. Er konnte seine Stellung als Assistenzarzt aufgeben und das tun, was
er immer tun wollte: schreiben und am Theater arbeiten. Ab Mitte September galt ein Dienstvertrag, den Kipphardt mit dem «Ministerium für
Volksbildung» abgeschlossen hatte, danach war er vorerst als Redakteur
und dramatischer Mitarbeiter der «Neuen Blätter» beschäftigt, einer kulturpolitischen Publikation. Später wurde er Chefdramaturg am Deutschen Theater.

Glaubt man einer anekdotenhaften Erzählung, dann verdankt Kipphardt seine Stellung am Deutschen Theater einem Zufall. Wolfgang

Langhoff war während seiner KZ-Internierung der Kiefer zerschlagen worden. Auf einer politischen Vortragsreise hielt Langhoff in Krefeld einen Vortrag. Kipphardts Vater war zugegen. Nach dem Vortrag ging Heinrich Kipphardt zu Langhoff mit den Worten: «Genosse, dein Vortrag war wirklich ausgezeichnet, aber deine Zähne sind zu kurz.» Die Episode endete in der Zahnarztpraxis von Kipphardts Vater, dort soll der Vater den Intendanten des Deutschen Theaters auf den schreibenden Sohn in Berlin aufmerksam gemacht haben. Diese Geschichte erzählte Wolfgang Langhoff. Von Frau Langhoff ist überliefert, daß sie irgendwann einmal sagte, sie habe Heinar Kipphardt kennengelernt, und er habe ein schreckliches Stück geschrieben. Zwischen ihm und Langhoff entwickelte sich ein freundschaftliches Einvernehmen. Diese enge Beziehung wurde durch biographische Parallelen beider Familien verstärkt; wie Heinrich Kipphardt war Langhoff im Konzentrationslager interniert gewesen, und beide waren überzeugte Antifaschisten.

Ende der zwanziger Jahre bis 1933 hatte Langhoff in Köln und Düsseldorf Theater gespielt und in beiden Städten Brechts Lehrstück «Die Maßnahme» inszeniert. Nach der Machtergreifung Hitlers kam er für zehn Monate in ein Konzentrationslager, lebte später in der Schweiz und spielte am Zürcher Schauspielhaus. Bevor Langhoff ab Herbst 1948 nach Ost-Berlin ging, war er für kurze Zeit Generalintendant am Düsseldorfer Schauspielhaus.

Heinar Kipphardt übernahm seine Stelle von Herbert Ihering, der seit 1945 Chefdramaturg des Deutschen Theaters gewesen war und nun aus Altersgründen ausschied. Vor 1933 gehörte Ihering neben Alfred Kerr zu den einflußreichsten Theaterkritikern der Weimarer Republik. Er polemisierte gegen das im Grunde unpolitische Theater Max Reinhardts und setzte sich für die Bühne Piscators und für die Stücke des jungen Brecht ein, mit ästhetischen Argumenten, ohne ausdrücklich politisch zu argumentieren. Als Chefdramaturg hat Kipphardt als erstes wieder Programmhefte drucken lassen. Ihering war erklärter Gegner von Programmheften, weil er der Überzeugung war, ein Stück müsse aus sich selbst heraus Wirkung zeigen und benötige keine Kommentare. Bei einigen Programmheften besorgte Lore Kipphardt die graphische Gestaltung; die Absolventin der Krefelder Kunstgewerbeschule fand hier neben ihrer Hinterglasmalerei ein Betätigungsfeld.

In einem kleinen Raum, im verwinkelten Quergebäude des Deutschen Theaters, war Kipphardts Arbeitszimmer. Stets rauchend und unglaublich starken, gallebitteren Tee trinkend, saß Kipphardt vor Manuskripten. «Über Treppen, durch Zimmer, Gänge und viele Türen führt der Weg zu dem Raum mit den hochgelegenen Fenstern, in dem Dr. Heinar Kipphardt, der erste Dramaturg des Deutschen Theaters, arbeitet. Der abgetretene Teppich, die altmodischen Sessel, deren Federn zusammenkrachen, wenn man Platz nimmt, einen Schreibtisch aus der Zeit der

Jahrhundertwende, ein Bild von Joseph Kainz – dieser Raum gibt sich sehr traditionell. Dr. Kipphardt hat ihn während der drei Jahre, die er hier haust, nicht verändert.»[43] Kipphardt war damals 30 Jahre alt, ein blonder, schmaler Mann, er war sorgfältig gut gekleidet und ging regelmäßig zum Tennisspielen. Seine durchaus vorhandene Freundlichkeit war nie überschwenglich, eher zurückhaltend. In Gegenwart von Freunden konnte er heiter, auch ausgelassen sein.

Am 15. März 1952, während einer Matineeveranstaltung in den Kammerspielen, hatte Kipphardts erster dramatischer Versuch *Entscheidungen* Premiere. Kipphardt hatte eine Szenenfolge geschrieben und selbst inszeniert, die mit Bildern aus den Jahren 1933, 1943, 1946 und 1951 in Deutschland und in der Sowjet-Union die Veränderung der Einstellung der deutschen Bevölkerung zum russischen Volk zeigen sollte. «Typische Episoden und typische Figuren bestimmen das Spiel. Da ist der gutmütige, aber zu weiche Professor, der seinen Vorschriften folgt, auch wenn sie von Verbrechern erlassen wurden. Da sind ein blutjunger Karrierist

Wolfgang Langhoff, links Heinrich Kilger und Heinar Kipphardt

Kipphardt in seinem Arbeitszimmer im Deutschen Theater

von Assistenzarzt, der aus Geltungsdrang brutale Kälteversuche an sowjetischen Kriegsgefangenen macht, ein SA-Schläger, der 1952 als Polizeispitzel in Westdeutschland denselben Arbeiter verhaften läßt, den er 1933 zusammenschlug, da ist schließlich ein sowjetischer Bauer, der seinen ärgsten Feinden am Ende großmütig verzeiht. Das Ganze ist filmartig skizziert, stellt immer neue Menschen in ihrer Handlungsweise und in ihren Entscheidungen zur Diskussion.»[44] Die Vorstellung vor Betriebsangehörigen und Laienspielern war didaktisch ambitioniert. Zwei Szenen waren zuvor als Beitrag zum «Monat der deutsch-sowjetischen Freund-

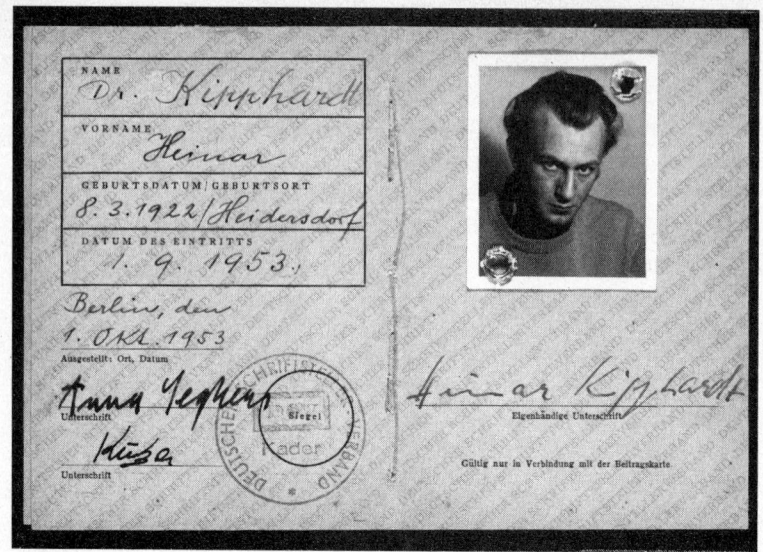

Ausweis des Deutschen Schriftstellerverbandes, unterschrieben von Anna Seghers und Kuba

schaft» aufgeführt worden. Formal weist Kipphardts Szenenfolge schon auf seine Dokumentarstücke, die er in den sechziger Jahren schreiben wird, doch muß dieser erste dramatische Versuch als gescheitert angesehen werden, denn die handelnden Personen werden allzu plakativ und schematisch gegeneinandergestellt. Für Kipphardt war *Entscheidungen* der erste Vorstoß, die jüngste deutsche Geschichte dramatisch zu bearbeiten, doch verfolgte er den hier eingeschlagenen Weg zunächst nicht weiter. Er wandte sich statt dessen einem anderen Theatergenre zu, dem Lustspiel und der Satire.

Es war eine ungewöhnliche Karriere, als Fachfremder in kurzer Zeit Chefdramaturg an der bedeutendsten Bühne der DDR zu werden. Kipphardt galt als besondere Erscheinung, auch deshalb, weil er eine neue geistige Haltung des Theaters repräsentierte und forderte. Sein Wesen, so wird von damaligen Theaterkollegen berichtet, hatte etwas Nachdenkliches, so als ob er stets aufs Neue den Versuch unternahm, eine treffende, dem Gegenstand angemessene Sprache zu finden. Er sprach langsam, fast mühevoll, mit vielen Unterbrechungen. Nach der nationalsozialistischen Katastrophe trat Kipphardt in der jungen DDR entschieden für eine moralische Verpflichtung des Theaters ein.

Schon in den letzten Kriegsjahren hatte er sich mit der Theatertheorie

Lessings beschäftigt. Lessing, der erste deutsche Dramaturg, hatte im Hinblick auf sein Stück «Minna von Barnhelm» bemerkt, daß ein Lustspiel, das nach dem Siebenjährigen Krieg spiele, sich notwendig die Frage nach einem zukünftigen Frieden stellen müsse. *Da war aber auch die Gefahr des Theaters um des Theaters willen, und da waren – nach dem Abschied Max Reinhardts – in den dunkelsten Jahren der deutschen Vergangenheit glanzvolle Aufführungen, während Blut über die Straßen lief. Wir begriffen, daß man nicht Theater spielen kann, ohne Partei zu nehmen. Partei für das Leben, Partei für den Menschen, Partei für die Zukunft. Wir begrüßten den neuen Weltzustand, den die Oktoberrevolution 1917 eingeleitet hat, und spielten für das Volk, beabsichtigend, diesen neuen höheren Weltzustand zu begünstigen, beabsichtigend, der Wahrheit, der Schönheit, der Menschlichkeit zu dienen.*[45] Kipphardt argumentierte mit einer marxistischen Terminologie, die sich nicht unbedingt an vorgegebene Parteiäußerungen hielt. Er war in diesen ersten Jahren in der DDR von einem großen Optimismus erfüllt, von einem festen Glauben an eine positive gesellschaftliche Entwicklung innerhalb der DDR, bei der das Theater kritischer Wegbereiter sein sollte. *Bei uns im Parkett sitzen nur noch verhältnismäßig wenige Tote, bei uns im Parkett sitzen junge Holzfäller, die ihre Axt an die Wurzeln des Todes gelegt haben. Bei uns im Parkett sitzen junge Zimmerleute, die entschlossen sind, die Erde bewohnbar und den Menschen menschlich zu machen. Sie wollen von dem Theater wissen, wie man das macht. Sie wollen von dem Theater wissen, wie die Welt, wie der Mensch heute beschaffen sein soll, um richtig handeln zu können. Sie wollen die Wahrheit wissen, ausschließlich die Wahrheit, ohne Beschönigung, ohne Kompromisse, die harte Wahrheit über den Menschen, den einzigen Gegenstand des Dramas. Das ist die Forderung des Volkes an die Dramatiker: «Schreibt die Wahrheit.» Das antwortete Stalin den Schriftstellern, die ihn fragten, was sozialistischer Realismus sei. Ein einfaches Programm, das schwer zu erfüllen ist.*[46]

Damals schrieb Kipphardt das satirische Lustspiel *Shakespeare dringend gesucht*. Es entstand im engen Zusammenhang mit dem Schauspieler Rudolf Wessely, der mit Kipphardt befreundet war. Wessely sollte die Hauptrolle, den Dramaturgen Amadeus Färbel, spielen, einen exemplarischen Typus der neu entstehenden sozialistischen Gesellschaft. In mancher Hinsicht ein positiver Held, doch ein Mensch mit Fehlern, einer, in dem sich das Publikum der DDR wiedererkennen konnte. Färbel war das Gegenbild zum «positiven Helden» im sozialistischen Drama. *Diese Autoren verwechseln den positiven Helden im Drama, den neuen Menschen, der es unternimmt, die Welt menschlich zu machen, und den es zu gestalten gilt, mit einer allseitig geglätteten, lächelnden, alles wissenden Idealfigur und lassen sie bei jeder passenden und unpassenden Gelegenheit wunderbare Belehrungen und Zensuren verteilen. Derartige Menschen sind schon im Leben sehr lästig, auf der Bühne aber unerträglich. Sie wer-*

den auch nicht erträglicher, wenn unsere Dramatiker ihre idealen Helden Parteiarbeiter sein lassen.[47]

Die Handlung: Amadeus Färbel ist Dramaturg eines Stadttheaters. Ihn ärgern die entsetzlich schlechten Manuskripte. Die eingereichten Theaterstücke beten das jeweilige gängige Parteikauderwelsch nach, sie loben die Fortschritte der sozialistischen Gesellschaft schematisch und unkritisch. *In diesen Stücken geht es zu wie in einem Kuhmagen, nur, daß statt Gras Gedanken und altes Zeitungspapier wiedergekäut werden.*[48] Färbel, von Dilettanten umringt, setzt versehentlich den einzigen begabten Nachwuchsdramatiker vor die Tür. Als Färbel seinen Irrtum erkennt, beginnt die Suche mit vielen Verwicklungen und Verwechslungen nach dem verschollenen Dramatiker. Als er endlich gefunden ist, muß Färbel die gewünschte Aufführung erst noch gegen die Widerstände des «Amts für Kunst» und gegen den Intendanten durchsetzen.

Mit seinem Stück kritisierte Kipphardt auch die Situation an den Theatern in der DDR. *Ich denke, wenn ich dieses Stück betrachte, daß da schon sowas drinsteckt wie die damals mögliche Satire auf stalinistische Kulturpolitik, diese ganz gelenkte und von oben geleitete Kulturpolitik, wo Kunst eigentlich die jeweilige Regierungs- oder Parteipolitik nur so nochmal bebildert. Diese Haltung, diese Erniedrigung von Kunst, die teilte ich natürlich nicht und die kann ja niemand teilen, der schriftstellerisch arbeiten will, der Entdeckungen machen will und sich ausdrückt. Aber ich meine, meine Kritik am Stalinismus war immer eine Kritik von einer linken Position.*[49] *Shakespeare dringend gesucht* hatte kaum Chancen, aufgeführt zu werden. Die darin vertretene politische Position wurde von der offiziellen Kulturbürokratie erst einmal nicht akzeptiert. Für Kipphardt war es der Versuch, herauszufinden, wie weit sich ein Theaterstück kritisch und solidarisch in die gesellschaftspolitische Diskussion um den richtigen Weg beim Aufbau des Sozialismus der DDR einmischen darf. Es gab Proben zu dem Stück am Deutschen Theater, die von der Betriebsgruppe der SED und von den Parteisekretären argwöhnisch begleitet wurden. Die Beurteilung seitens der Funktionäre war negativ, es herrschte die Tendenz vor, das Stück für eine Aufführung nicht freizugeben.

Seit 1952, mit der «2. Parteikonferenz der SED», war unter der Parole «Aufbau des Sozialismus» die Verschärfung des Klassenkampfes beschlossen. Administrative Veränderungen, vornehmlich in der Verwaltung, sollten der Zentralisierung und Straffung der Staatsmacht dienen. Ein verschärfter Kurs der SED brachte viel Unruhe in die Bevölkerung. Dazu kam, daß am 5. März 1953 Stalin starb. Sein Tod führte zu einer innenpolitischen Liberalisierung in der Sowjet-Union, die nur zögernd in der DDR nachvollzogen wurde. Als im Mai 1953 – in Verkennung der Stimmung innerhalb der Arbeiterschaft – die Arbeitsnormen erhöht wurden, kam es Mitte Juni 1953 zu Demonstrationen. In der gesamten DDR, vor allem in Ost-Berlin folgten Arbeitsniederlegungen und Massenkund-

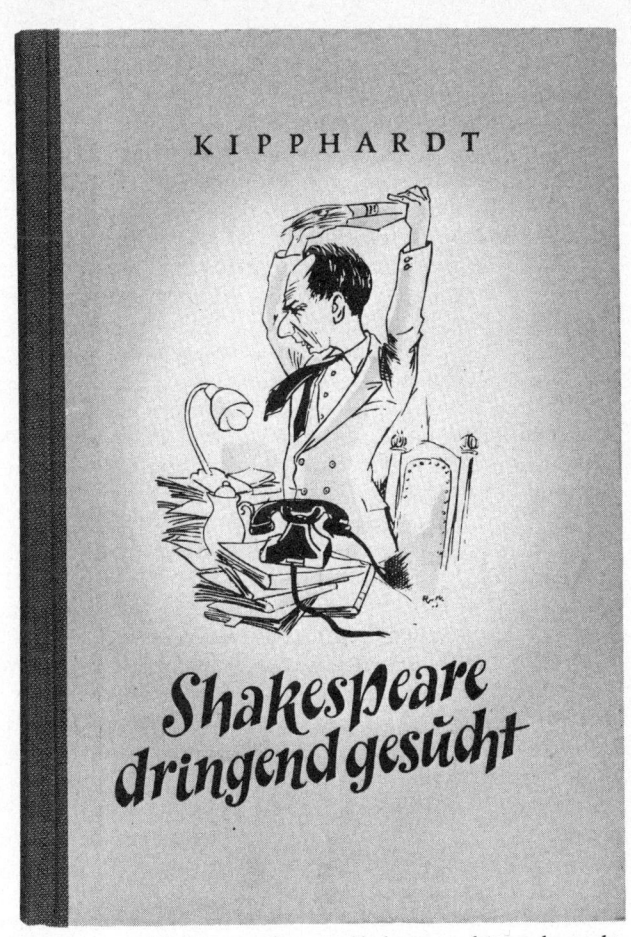

Die Erstausgabe von «Shakespeare dringend gesucht»

gebungen. Eine tiefgreifende Entfremdung zwischen Partei und Bevölkerung wurde deutlich. Das «Neue Deutschland» berichtete von einer Baustellenversammlung, die am 25. Juni 1953 stattfand, daß der SED-treue Schriftsteller Kurt Bartel, genannt Kuba, die Arbeiter gefragt habe, warum sie denn nicht zum Politbüro gegangen seien, um ihre Anliegen der Partei vorzutragen. Daraufhin habe ein Arbeiter erregt geantwortet: «Willst du wissen, warum das Politbüro nicht die volle Wahrheit erfuhr?... Weil man befürchtete, ein Wort zuviel zu sagen. Auf die Alten, die Erfahrung haben, wurde ja nicht mehr gehört. Die wurden an die

Wand gequetscht. Jeder, der Kritik übte, befürchtete, als Feind angesehen zu werden. Aber so geht's nicht! Wenn ich eine Arbeiterregierung habe, will ich spüren, daß ich meine Rechte als Arbeiter habe!»[50]

In Ost-Berlin wurde eine abendliche Ausgangssperre verhängt, der Theaterbetrieb war lahmgelegt, die Bühnen blieben geschlossen. Als die Ausgangssperre aufgehoben wurde, entschloß sich Langhoff, Kipphardts Stück am Abend des 28. Juni 1953 zur Aufführung zu bringen. Es war alles andere als eine gewöhnliche Premiere, tagsüber wurden Leute auf der Straße angesprochen, ob sie Interesse an einer Werkstattaufführung hätten. Ein regulärer Kartenverkauf fand nicht statt. Herwart Grosse führte Regie und Kipphardts Freund Heinrich Kilger entwarf das Bühnenbild. Wessely spielte den Färbel. Während der Aufführung kam es zu tumultartigen Szenen, es gab minutenlangen Szenenapplaus. Das Publikum sah, mit den Erfahrungen des 17. Juni im Hintergrund, ein Stück, das sich unmittelbar mit seinen aktuellen Problemen befaßte. Mit Hilfe der Satire wurde eine allgemeine Haltung kritisiert, die den Aufbau des Sozialismus behinderte. «Es war hübsch anzusehen, wie die unter dem Publikum verstreuten Parteifunktionäre schamhaft nach der Regierungsloge schielten, ob sie zustimmen dürften. Da trat der Ministerpräsident Grotewohl bis an die Brüstung vor und klatschte lang anhaltend. Es war jene Zeit, als die SED, durch den Druck von oben und unten verwirrt, eine Resolution annahm, in der es hieß: ‹Wenn die Arbeiter die Partei nicht verstehen, sind nicht die Arbeiter schuld› (wenige Wochen später wußte von einer solchen Resolution niemand mehr etwas).»[51] *Shakespeare dringend gesucht* wurde zum erfolgreichsten Gegenwartsstück am Deutschen Theater. Heute gilt es als kulturpolitisches Dokument. In ihm wird stellvertretend für alle Bereiche des sozialistischen Lebens mehr Kritikfreudigkeit und politische Auseinandersetzung verlangt. Im Jahre 1953 erhielt Kipphardt auf Vorschlag des Deutschen Theaters für sein Stück den Nationalpreis der DDR, III. Klasse, weil er einen wertvollen Beitrag zur Entwicklung der zeitgenössischen Satire geleistet habe.

Nicht nur mit seinem Stück, sondern auch in vielen kulturpolitischen Aufsätzen machte Kipphardt Front gegen ein bequem gewordenes, opportunistisches Theater. Mit seinen wenig kämpferischen Theaterkollegen ging er hart ins Gericht. *Diese Theaterleiter scheinen anzunehmen, daß ein reicher, vielseitiger Spielplan mit einem unverbindlichen Spielplan identisch sei. Diese Theaterleiter scheinen anzunehmen, daß uns der Klassenkampf nach Erklärung der Politik des neuen Kurses den Gefallen tut einzuschlafen und daß der Sozialismus eines schönen Tages – spontan entstanden – auf dem Frühstückstisch liegt. Das ist ein Irrtum. Der Klassenkampf muß geführt werden, und die Politik des neuen Kurses verlangt lediglich, daß er klüger und daß er im Theater mit den unbegrenzten schöpferischen Mitteln der Kunst geführt wird.* Er kritisierte die mangelnde Entdeckerfreude und Experimentierlust an den Bühnen der DDR. Er

Rudolf Wessely als Färbel, 1953

forderte eine praktische Kritik, die in die Entwicklung des Sozialismus handelnd eingreift. *Es fehlt nicht an Aufsätzen, die mehr oder minder prinzipiell und meistens recht wortreich allgemeine Forderungen erheben und Zensuren erteilen, aber es fehlt uns an Aufsätzen, die genau und detailliert Schwächen und Vorzüge einzelner Stücke analysieren, um daraus kluge Schlüsse für die Theorie unseres Dramas zu ziehen.*[52]

Schon Anfang der fünfziger Jahre geriet der kulturpolitische Kurs in der Sowjet-Union in Bewegung. Die sowjetische Parteizeitung «Prawda» schrieb damals über den Zustand der russischen Theater: «Nach den Stücken zu urteilen ist stets alles in bester Ordnung, gibt es keinerlei Konflikte. Einige Bühnendichter sind der Meinung, daß es ihnen so gut wie verboten ist, das Schlechte, Negative, das ihnen im Leben durchaus begegnet, zu kritisieren... Es wurde behauptet, daß bei uns alles auf den

Konflikt zwischen dem ‹Guten› und dem ‹Besseren› hinausläuft...
Schreibt die Wahrheit!»[53] Dem sozialistischen Realismus wurde Schönfärberei und Konfliktlosigkeit vorgeworfen. Auf dem XIX. Parteitag der KPdSU 1952 wurden vom damaligen Vorsitzenden des Ministerrates Malenkow die Schriftsteller offiziell zur Kritik aufgefordert. Auf die gesellschaftskritische Funktion von Literatur wurde verwiesen, und es begann eine kulturpolitische Liberalisierung. Malenkow forderte, daß «sowjetische Gogols... mit der Flamme der Satire alles Negative, Vermoderte, Überlebte aus dem Leben ausbrennen» sollten.[54] Heinar Kipphardt gehörte zu den Künstlern in der DDR, die diese Positionen frühzeitig vertraten. Doch die in der Sowjet-Union geführte Diskussion gewann in der DDR erst nach den Ereignissen des 17. Juni an Bedeutung, jetzt wurde auch in der DDR Front gemacht gegen eine erstarrte Kulturbürokratie. Vor allem die staatliche Kunstkommission, die Zensurbehörde, stand unter Beschuß. Damals dichtete Bertolt Brecht an die Adresse der Kunstkommission, als auch sie sich anschickte, auf den liberalen Tauwetterkurs einzuschwenken: «Geladen zu einer Sitzung der Akademie der Künste / Zollten die höchsten Beamten der Kunstkommission / Dem schönen Brauch, sich einiger Fehler zu zeihen / Ihren Tribut und murmelten, auch sie / Zeihten sich einiger Fehler. Befragt / Welcher Fehler, freilich konnten sie sich / An bestimmte Fehler durchaus nicht erinnern. Alles, was / Ihnen das Gremium vorwarf, war / Gerade nicht ein Fehler gewesen, denn unterdrückt / Hatte die Kunstkommission nur Wertloses, eigentlich auch / Dies nicht unterdrückt, sondern nur nicht gefördert. / Trotz eifrigsten Nachdenkens / Konnten sie sich nicht bestimmter Fehler erinnern, jedoch / Bestanden sie heftig darauf / Fehler gemacht zu haben – wie es der Brauch ist.»[55] Am 7. Januar 1954 wurde die staatliche Kunstkommission aufgelöst. Ihre Aufgaben wurden dem Ministerium für Kultur übertragen; der Kultusminister war damals Johannes R. Becher.

Heinar Kipphardts Umzug in die DDR hatte einer prinzipiellen politischen Entscheidung entsprochen. Seine ersten Jahre in Ost-Berlin waren von dem Bewußtsein geprägt, als Künstler und Marxist im Einklang mit der politischen Führung der DDR wirken und leben zu können. Insofern ist es nicht zufällig, daß sich Kipphardt der Satire zuwandte. Sie schien ihm ein geeignetes Mittel, solidarische Kritik an der DDR-Wirklichkeit zu üben. Rudolf Wessely hat sich anläßlich der Aufführung von *Shakespeare dringend gesucht* in der Zeitschrift «Theater der Zeit» Gedanken über das Komische gemacht. Er reflektierte die psychologische Seite der Satire, seine Ausführungen lesen sich wie ein Kommentar zu Kipphardts damaliger intellektueller Situation. Es «verdient auch die immer wieder zu machende Beobachtung Erwähnung, daß die meisten großen Komiker im Leben ernste und oft pessimistische Menschen sind. Mir scheint, daß der Komiker in seinem Leben unbewußt damit beschäftigt ist, Mißstände,

Bertolt Brecht und Johannes R. Becher

Häßlichkeiten, Widerstände, Unwahrheiten zu entdecken, die er mit Lachen kritisieren und vernichten will.»[56] Demnach steckt der Satiriker auch voller Selbstzweifel, obwohl er sie nicht wahrhaben will. Und die Arbeit an einem satirischen Stück besteht auch darin, sich davon zu überzeugen, daß die Selbstzweifel unbegründet sind.

Die frühen fünziger Jahre waren für Kipphardt eine erfolgreiche Zeit. 1952 hatten sich die Wohnverhältnisse gebessert, er zog mit der Familie aus der Charité in ein Haus in der Sachsenstraße 27, Berlin-Niederschönhausen. Das Haus besaß einen Garten. Nur die Winterzeit blieb problematisch, weil sich die Wohnung mit den vorhandenen Kachelöfen nur schwer beheizen ließ. 1955 ist die Familie dann noch einmal umgezogen, nach Friedrichshagen in die Werlseestraße 36, nicht weit vom Müggelsee.

Wie die Familie zu berichten weiß, waren Kipphardts Vorstellungen von Erziehung zu jener Zeit unorthodox. Manchmal gab er seiner Familie Nachhilfeunterricht. Seine Frau Lore bekam einen Zettel mit Mathematikaufgaben, die sie zu lösen hatte, obwohl ihr das gar nicht lag, und in der Zwischenzeit machte Kipphardt mit den Kindern Linde und Jan Schulaufgaben. Dabei konnte Kipphardt ziemlich rasch zornig werden, er schimpfte und machte ihnen Vorwürfe. Doch bald verflog das Unwetter,

Mit Heinrich Kilger und Wolfgang Langhoff

und die Kinder bekamen vom Vater jeder 5 Mark in die Hand gedrückt. Die an sich unbedeutende Geschichte zeigt, daß Kipphardt den prägenden Konflikt der ersten Lebensjahre, die väterliche Strenge und die mütterliche Nachgiebigkeit, verinnerlicht hatte. Er verlieh ihm durch sein eigenes ambivalentes Verhalten Ausdruck.

Gewöhnlich ging Kipphardt gegen Mittag ins Theater. Die Atmosphäre am Deutschen Theater damals wird als ausgesprochen offen und freundschaftlich beschrieben. Bei den regelmäßig stattfindenden Regiesitzungen galten Kipphardts Argumente von Anfang an viel, und der Intendant vertraute seinem Urteil. Mit Wolfgang Langhoff und vor allem mit dem Bühnenbildner Heinrich Kilger verband Kipphardt eine enge Freundschaft, die sich für den Arbeitszusammenhang am Deutschen Theater als fruchtbar erwies. Alle drei verband eine ähnliche Vorstellung von Theater. Sozialismus war für sie etwas Wandelbares, und Künstler hatten für ein ehrliches und breites Spektrum der Meinungen und Ansichten zu sorgen, damit dieser Sozialismus diskutierbar blieb. Sie waren gegen einen sterilen Naturalismus auf der Bühne, wie er infolge einer vergröberten Stanislawskij-Rezeption an vielen Theatern der DDR vorherrschte. Der russische Regisseur, Schauspieler und Theatertheoretiker hatte äußerste realistische Genauigkeit der Inszenierung gefordert und von den Schauspielern exakte Kenntnisse über die geschichtlichen und ökonomischen Umstände verlangt, in denen das jeweilige Stück spielt. Die Regiesitzungen fingen meist gegen Abend an, später wurde die Runde immer fröhlicher und ausgelassener. Oft kam es vor, daß Langhoff sächsische Anekdoten erzählte und es so aussehen mochte, als würde nur gealbert und gelacht, doch waren gerade diese Sitzungen besonders produktiv. Später ging man häufig in die Kantine, die sich im Keller des Theaters befindet, man nahm sich vor, noch ein letztes Bier zu trinken, und blieb statt dessen die ganze Nacht.

An den Wochenenden arbeitete Kipphardt an neuen Stücken. Es waren wiederum Satiren. Das Stück *Der Aufstieg des Alois Piontek. Eine tragikomische Farce* schrieb er 1954, es wurde im Februar 1956 im Deutschen Theater uraufgeführt. Kipphardt führte selbst Regie, und das Bühnenbild besorgte Kilger. Die Hauptrolle spielte Wessely. Die Handlung: Der Diamantenfälscher Piontek legt einen Wirtschaftsminister herein. Das Ganze war als eine Satire auf das bundesrepublikanische Wirtschaftswunder gemeint. Bevor sich der gescheiterte Held am Ende des vierten Aktes erhängt, hält er eine Rede an die versammelten Regierungsmitglieder. Er beschuldigt sich zwar selbst als Betrüger, doch gibt er gleichzeitig zu verstehen, daß er, gemessen an den unsauberen Geschäften der Großen, die Handel treiben mit Dummheit, Armut, Mord und Angst, lediglich ein Anfänger, ein Stimmenimitator sei. In der Figur Pionteks versammeln sich schon die zentralen Themen Kipphardts, die sein Werk bestimmen: Flucht in den Wahnsinn, das Motiv der Identitätswahrung, Kritik an Gesellschaftsstrukturen und die Kritik an der Haltung des Durchschnittsbürgers, die er am Ende seines Lebens als *Eichmann-Haltung* genauer charakterisieren wird.

Der Aufstieg des Alois Piontek konnte zwar den Erfolg von *Shakespeare dringend gesucht* nicht wiederholen, doch erwies sich Kipphardt als ein routinierter Komödienschreiber, der Situationskomik zu schaffen wußte und Pointen setzen konnte. Ein weiteres Stück, 1957/58 geschrieben, des-

Ernst Busch

sen Uraufführung ebenfalls für das Deutsche Theater vorgesehen war, wurde von der DDR-Bürokratie zur Aufführung nicht mehr freigegeben. Die Uraufführung von *Die Stühle des Herrn Szmil* fand erst 1961 an den Wuppertaler Bühnen statt. Das Stück geriet schon in den Strudel der kulturpolitischen Ereignisse, an deren Ende der Weggang Kipphardts aus der DDR stehen sollte. Ursprünglich trug es den Titel *Esel schreien im Dunkeln*. Es geht zurück auf eine Vorlage der russischen Autoren Ilja Ilf und Evgenij Petrov, die die beiden Redakteure einer russischen Eisenbahnerzeitschrift unter dem Titel «Zwölf Stühle» veröffentlicht hatten. Ein Film mit Heinz Rühmann 1938 «13 Stühle» hatte den gleichen Stoff zur Grundlage. In den Stühlen der Erbtante ist angeblich der Familienschmuck versteckt. Sie werden von Szmil, der nach der Revolution als einfacher Standesbeamter lebt, gesucht, doch hat er bei seiner Suche wenig Erfolg, denn im Nachhinein stellt sich heraus, daß die Erbtante, die sich immer noch bester Gesundheit erfreut, den geldgierigen Szmil hereingelegt hat. Kipphardt übte Kritik an kleinbürgerlichen Verhaltensweisen in einer sozialistischen Gesellschaft.

Zu jener Zeit verband Kipphardt eine wichtige Freundschaft mit Ernst Busch, der am Berliner Ensemble und am Deutschen Theater spielte. Vor 1933 hatte Busch mit Brecht und Piscator gearbeitet; in der Weimarer Republik war er ein populärer Arbeitersänger und Schauspieler. Während des Krieges in Haft, konnte durch Fürsprache von Gustaf Gründgens ein Hochverratsprozeß gegen ihn abgewendet werden. *Ich lernte Ernst Busch nicht in einem Theater, sondern in einem Schlammloch der russischen Front kennen, 1943, nachts, auf dem Rückzug der geschlagenen faschistischen Armeen durch die Ukraine. Ich war naß, ich fror, ich hatte Hunger. Ich war müde, verlaust, apathisch, interesselos... Ein Lautsprecher eines Propagandatrupps der Roten Armee begann eines seiner Fünf-Minuten-Programme. Nachrichten, Informationen. Danach kam ein Lied von einer abgespielten Schallplatte über schrillen Lautsprecher aus etwa*

«Der Aufstieg des Alois Piontek», Deutsches Theater 1956

*zwei Kilometer Entfernung. Ein deutsches Arbeiterlied... Die Stimme ver-
jagte meine Apathie. Was packte mich an dieser Stimme?... Diese Stimme
wußte, was ich nicht wußte. Diese Stimme wußte, daß der Mensch, daß die
Vernunft, daß die Wahrheit triumphieren wird.*[57] Erst in der DDR hatte
Kipphardt Busch persönlich kennengelernt. Beide saßen nächtelang zusammen und diskutierten. Zwar galt Busch im Umgang als schwierig, er
konnte sehr anstrengend sein, doch Kipphardt verehrte Busch, gerade
weil er unangepaßt war und unerschrocken seine Meinung sagte. Busch
war nie Parteimitglied und ließ sich zu keiner Zeit zu einer opportunisti-
schen Haltung der Partei gegenüber bewegen. Er brachte es sogar fertig,
Walter Ulbricht öffentlich zu kritisieren. Wie Brecht gehörte Busch zu
dem kleinen Personenkreis, der in der DDR seine Meinung kundtun
konnte, ohne Restriktionen befürchten zu müssen.

Heinar Kipphardt verstand seine Theaterarbeit und seine Stücke immer politisch. Theater sollte fortschrittliche gesellschaftliche Tendenzen
vorantreiben. In diesem Sinne war ihm der Theaterregisseur Piscator ein
Vorbild. In Berlin hatte Piscator in den zwanziger Jahren in seinem Theater am Nollendorfplatz die Bühne revolutioniert, durch Offenlegung der
technischen Möglichkeiten des Theaters, durch Verwendung von Film-
material, mechanischen Vorrichtungen und Spruchbändern. Piscator
hatte den ästhetischen Schein der Bühne erfolgreich zerstört zugunsten
der Reflexion.

Neben Max Reinhardt, der unpolitische Ziele verfolgte, galt Piscator
als der wichtigste Neuerer der deutschen Bühne in der Weimarer Republik. Nach dem Krieg kam Brecht mit seinem Konzept des «epischen
Theaters» hinzu. Wahrscheinlich lernte Kipphardt Piscator 1955 bei
Busch kennen, ein Brief an ihn nimmt auf ein stattgefundenes Treffen
bezug. *Sehr geehrter, lieber Herr Piscator! Ich erinnere mich gern des
freundlichen Gesprächs, das wir kürzlich miteinander hatten. Die Fragen,
die sich daraus ergeben haben, bewegen mich noch immer, weil sie so ent-
scheidenden Einfluß auf die Entwicklung des Theaters haben können. Mir
schien es gut, wenn wir eine Gelegenheit fänden, das Gespräch fortzuset-
zen, wenn Sie in Berlin sind.*[58] Der Kontakt zwischen ihnen intensivierte
sich, es begann eine fruchtbare Auseinandersetzung über Prinzipien der
Theaterarbeit.

Heinar Kipphardts Dokumentarstücke *Der Hund des Generals* (1962),
In der Sache J. Robert Oppenheimer (1964), *Joel Brand. Die Geschichte
eines Geschäfts* (1965) und *Bruder Eichmann* (1983) sind nicht ohne den
Einfluß von Piscators Ästhetik zu denken. In der theatertheoretischen
Auseinandersetzung mit Piscator konnte Kipphardt bei seinem ersten
dramatischen Versuch *Entscheidungen* anknüpfen. Den damals begonne-
nen Weg hatte Kipphardt zugunsten der Komödie und der Farce zunächst
wieder verlassen. Mit den Vorstellungen Piscators ließ sich auf dem ursprünglich eingeschlagenen Weg weitermachen. Kipphardt wünschte

Peter Hacks

nicht nur das Gespräch mit Piscator, sondern dachte ihm auch die Rolle des Mentors zu. *Mich selbst interessiert natürlich besonders, was Sie zu kritisieren hätten. Es liegt mir auch daran, gerade von Ihnen zu erfahren, ob Sie eine Realisierung des Stückes an einer westdeutschen Bühne unter den gegenwärtigen Bedingungen für möglich halten.*[59] Wahrscheinlich hatte Kipphardt sein Stück *Der Aufstieg des Alois Piontek* Piscator zur Begutachtung gegeben, in dem er die westdeutsche Wiederaufbaumentalität attackierte. Doch 1955 war Piscator nicht der richtige Mann, ein sozialkritisches Stück an einer westdeutschen Bühne unterzubringen. Im kulturpolitischen Klima der fünfziger Jahre hatte er selbst kaum eine Chance, effektiv zu arbeiten. Piscator war 1951 aus dem amerikanischen Exil zurück nach Deutschland gekommen, weil er sich durch den McCarthy-Ausschuß zur Untersuchung unamerikanischer Umtriebe bedroht fühlte. Wie Bertolt Brecht, Charlie Chaplin oder auch Thomas Mann verließ er die USA. Der Antikommunismus jener Jahre ist in dem Stück *In der Sache J. Robert Oppenheimer* auch Thema.

Gemeinsam mit Langhoff bemühte sich Kipphardt, eine neue engagierte Dramatik am Deutschen Theater zu etablieren. Der DDR-Dramatiker Alfred Matusche debütierte mit seinem Schauspiel «Die Dorfstraße» 1955 am Deutschen Theater. Es schildert Ereignisse in einem deutsch-polnischen Dorf an der Oder kurz vor Kriegsende. Ein Thema, das Kipphardt interessierte und wichtig fand. Auch setzte er sich für die Stücke von Peter Hacks ein. Das war ursprünglich nicht unbedingt im Sinne Langhoffs, denn Hacks galt zunächst als ein Formalist aus dem Westen. Er war Doktor der Germanistik und hatte über das Biedermeier promoviert. 1955 kam er aus Bayern nach Ost-Berlin; er blieb für einige Zeit ein Fall, mit dem die DDR-Kulturadministration nicht recht umgehen konnte. Kipphardt hatte sich spontan für «Die Eröffnung des indischen Zeitalters» und «Die Schlacht bei Lobositz» eingesetzt und sie am Deutschen Theater zur Aufführung gebracht.

Seit Becher Kulturminister war, bestand der zaghafte Versuch einer liberaleren Kulturpolitik, die in offen geführten Debatten über das Erbe und den Realismus ihren Ausdruck fand. Noch 1956 wandte sich der Leipziger Ordinarius für Literatur Hans Mayer gegen die Verteufelung der modernen Literatur. Vor Fachkollegen wies er die Stalinsche Definition des «Schriftstellers als Ingenieur der menschlichen Seele» zurück, weil dies eine literarische Verarmung nach sich ziehe.[60] Mayers Forderungen wurden von orthodoxen Kulturfunktionären nie geteilt. Nach dem Ungarn-Aufstand Ende 1956, der zur Beseitigung der Nagy-Regierung führte, begann die DDR unliebsame Kritik von Intellektuellen zu unterbinden. Mit der Verhaftung der Gruppe um Wolfgang Harich wurde ein erstes deutliches Zeichen gesetzt. Der Berliner Philosophieprofessor galt als Revisionist. Als im Oktober 1957 die Kulturkonferenz der SED vom Zentralkomitee einberufen wurde, war es mit der liberalen Kulturpolitik zu Ende. Es begann die Ära des «Bitterfelder Weges». Schriftsteller und Künstler hatten Selbstkritik zu üben, sie sollten die Aufbauleistungen des Sozialismus beschreiben und das Leben und die Probleme der werktätigen Bevölkerung kennenlernen. Die gleichen Forderungen gab es auch gegenüber den Theatern, besonders die Bühnen der Hauptstadt standen im Kreuzfeuer der Kritik. Ab 1957 geriet Kipphardt mehr und mehr in die Defensive.

Heinrich Peters und Michael Töteberg weisen in ihrem Lexikonartikel darauf hin, daß Kipphardt in den einschlägigen DDR-Publikationen («Theater der Zeit», «Aufbau», «Neue Deutsche Literatur») zunehmend defensiv argumentierte, wenn er den Spielplan und die Inszenierungen des Deutschen Theaters zu verteidigen hatte. «Die Wiedereinsetzung der kulturpolitischen Doktrin, in einem sozialistischen Drama habe der Parteivertreter immer recht, kündigte das Ende des ‹Neuen Kurses› an.»[61]

In einem ausführlichen Schreiben an die Behörden der Bundesrepublik, in dem Kipphardt die Gründe für seine Umsiedlung darlegt, beschreibt er noch einmal aus seiner Perspektive die kulturpolitischen Auseinandersetzungen in der DDR. *Anfang 1959 verdichtete sich in Zeitungen Ost-Berlins eine gezielte Pressekampagne gegen den Spielplan und die ästhetischen Prinzipien des Deutschen Theaters, Berlin, dessen Chefdramaturg ich war. Es wurde dem Intendanten des Hauses und vor allem mir vorgeworfen, daß der Spielplan des Theaters «bürgerlich» und die Interpretation einzelner Stücke «modernistisch» seien. Der Spielplan und die von mir vertretenen Theatertheorien seien charakteristisch für eine «revisionistische Theaterpolitik» und entsprächen nicht der Linie der Kulturpolitik der Partei. Insbesondere weigerten wir uns unter ästhetischen Vorwänden, sozialistische Stücke zu spielen, die der Parteilinie entsprächen. In diesem Zusammenhang wurden einige dilettantische Propagandastücke genannt, die von mir und dem Intendanten abgelehnt worden waren, weil sie künstlerisch ohne jeden Wert waren, z. B. das Stück «Studentenkomödie» von Gustav von Wangenheim... Die Pressekampagne verfolgte den Zweck, die Theater der neostalinistischen Linie des Parteiapparates zu unterwerfen und alle Künstler auszuschalten, die dazu in Opposition standen. Ein Vorgang, der in einigen anderen Zweigen der Kunst schon eingeleitet oder abgeschlossen war. Es fanden im Februar und März mehrere Sitzungen der Kulturkommission des Politbüros mit den führenden Berliner Theaterschaffenden statt, die von dem Intendanten des Deutschen Theaters und mir umfassende Selbstkritiken und Ergebenheitserklärungen forderten. Der Intendant gab nach anfänglichem Zögern befriedigende selbstkritische Erklärungen ab und versicherte seine Ergebenheit. Da ich meine theoretischen Theateransichten verteidigte, die Kulturpolitik des Parteiapparates kritisierte und jede öffentliche Erklärung in dieser Sache ablehnte, mußte ich meine Stellung quittieren, die ich übrigens vorsorglich gekündigt hatte. Abschließend wurde im «Neuen Deutschland» von der Kulturkommission eine Erklärung abgedruckt, die meine theatertheoretischen Vorstellungen als «revisionistisch» charakterisierte und mich für den kritisierten Spielplan und die kritisierten Interpretationen verantwortlich machte.*[62]

Wolfgang Langhoff und seinem Chefdramaturgen wurde vorgeworfen, sie vernachlässigten das sozialistische Gegenwartsdrama. Ein offener Brief, der auch von den linientreuen DDR-Autoren solcher Gegenwartsstücke unterschrieben war, warf den verantwortlichen Theatermachern eine Neigung für westliche Autoren vor. Langhoff «hat versprochen, noch in diesem Jahr, ‹um die Versäumnisse... aufzuholen›, eine Dramatisierung von Michail Scholochows Roman ‹Neuland unterm Pflug›, Friedrichs Wolfs ‹Professor Mamlock› und des Alt-Kommunisten Gustav von Wangenheim – zunächst zurückgewiesene – ‹Studentenkomödie› herauszubringen... Für das Vergehen, die sozialistische Gegenwartsdramatik mißachtet zu haben, wurde der siebenundfünfzigjährige Intendant scharf getadelt.»[63] Schon am 19. Januar 1958 hatte Wilhelm Girnus unter dem

Aufstand in Ungarn, 1956

Titel «Kulturfragen sind Machtfragen» in der Ost-Berliner Zeitschrift «Sonntag» eine Abrechnung mit dem liberalen Kulturverständnis veranstaltet. Er war einer der exponiertesten Vertreter eines doktrinären kulturpolitischen Kurses, der in Folge der Entwicklungen nach 1953 kurzfristig zurückstecken mußte. Girnus klagte nun jene an, die für eine offene, kritische Haltung in Fragen der Kultur eintraten. «Nach einigen bisheri-

gen Veröffentlichungen und Diskussionsbeiträgen konnte der Eindruck aufkommen, als ob die Polen und die Ungarn daran schuld sind, daß bei uns der Revisionismus sein Haupt erhoben hat. Oder wenn man noch weiter gehen wollte, wären sogar der XX. Parteitag der KPdSU und die Kritik an gewissen Fehlern Stalins daran schuld, daß es in der Deutschen Demokratischen Republik einen Revisionismus gegeben hat und

Schwankungen bei einem Teil der Intellektuellen zutage traten. Ich glaube, wir werden uns darüber einig sein, daß ein solcher Eindruck grundfalsch wäre. Der Revisionismus hat sein Haupt offen nach dem 17. Juni 1953 erhoben.»[64]

Am Ende dieser Auseinandersetzungen war Langhoff bereit, seinen Dramaturgen zu opfern. Seine Position wurde immer problematischer, in westlichen Veröffentlichungen wurde der Vorwurf erhoben, Langhoff habe aus «chronischer Charakterschwäche»[65] Kipphardt fallenlassen. Inwieweit dieser Vorwurf gegenüber Langhoff berechtigt ist, sei dahingestellt; wie Kipphardt und Langhoff am Ende dieses Konflikts zueinander standen, wissen wir nicht. Eines ist indessen sicher, Kipphardt war in der damaligen Situation politisch nicht mehr zu halten, weil er sich den Spielregeln dieser Kurskorrektur nicht unterwarf. Kipphardt war nicht bereit, seine Anschauungen und Überzeugungen aufzugeben: *Ich wehrte mich stark mit vielen anderen Künstlern und Theaterleuten gegen die erneute Preisgabe des von uns erkämpften Freiraums. Weil ich das Gefühl hatte: man kann nicht arbeiten unter so blödsinniger Bevormundung. Wie jedermann wäre es mir natürlich möglich gewesen, aus taktischen Gründen nachzugeben. Aber ich wollte und konnte zu diesem Zeitpunkt nicht mehr taktisch sein. Ich hatte das Gefühl, wenn ich das nicht durchstehen kann, ohne zu kuschen, dann muß ich dieses Land verlassen. Ich war aber willens, das zu tun, ohne meine Gedanken aufzugeben, meine Philosophie, und ohne mich als Person zu ändern.*[66]

Wie häufig in solchen Fällen gab es den Versuch, Kipphardt möglichst unauffällig aus seiner exponierten Stellung zu entfernen. Dem Doktor der Medizin wurde die Leitung des Hygienemuseums in Dresden angeboten. Das kulturpolitische Ärgernis sollte weggelobt werden. Mit seiner Frau fuhr Kipphardt nach Dresden, um sich den möglichen Arbeitsplatz anzusehen. Gläserne Menschen, auch eine durchsichtige Kuh und große auseinandernehmbare Ohren und Körperteile waren in Dresden zu sehen. Kipphardt lehnte das Angebot ab.

Schon im Dezember 1958 hatte er von sich aus am Deutschen Theater gekündigt. Im Mai des folgenden Jahres war ein Arbeitsurlaub vereinbart. Wohl durch Vermittlung von Ernst Busch hatte Kipphardt zu Karl-Heinz Stroux Kontakt aufgenommen. Stroux und Busch kannten sich noch aus der Berliner Zeit vor 1933, als Busch bei Piscator spielte und Stroux an der Volksbühne inszenierte. Jetzt war Stroux Intendant am Düsseldorfer Schauspielhaus. Kipphardt und Stroux vereinbarten einen Arbeitsaufenthalt in Düsseldorf, den Kipphardt 1959 beginnt, vielleicht auch in der Hoffnung, daß sich in Berlin-Ost während seiner Abwesenheit die gespannte Situation etwas beruhigt.

Deutschland – West

In der Hamburger Tageszeitung «Die Welt» war am 1. Oktober 1959 ein Interview mit Karl-Heinz Stroux und Heinar Kipphardt zu lesen, das Helmuth de Haas geführt hatte. Die groß aufgemachte Überschrift lautete: «Künstler kennen keine Zonengrenze». Die Schlagzeile war polemisch gemeint, denn Kipphardt hatte im Interview darauf verzichtet, sich als Westflüchtling von der DDR zu distanzieren, wie es damals gang und gäbe war. Die Zeitung schrieb, daß Kipphardt als Dramaturg von Stroux engagiert worden sei, eine Aussage, die der Absprache zwischen Kipphardt und Stroux widersprach, wonach lediglich ein befristeter Arbeitsaufenthalt in Düsseldorf vorgesehen war, um Kipphardt Gelegenheit zu geben, ein Stück nach seiner Wahl zu schreiben. Auf Grund dieser Veröffentlichung geriet Kipphardt in eine äußerst schwierige Situation. In einem Brief an die Redaktion der «Welt» nahm Kipphardt Stellung: *Ich bitte Sie zu bedenken, daß Sie mich in die Lage eines Menschen bringen, von dem man annehmen muß, daß er die Unwahrheit gesagt hat. Dem Deutschen Theater in Berlin habe ich, der Wahrheit entsprechend, erklärt, daß ich vom Düsseldorfer Schauspielhaus auf sechs Monate als Bühnenschriftsteller engagiert bin. Nach dem Artikel bin ich als Dramaturg engagiert.*[67] Ferner verwahrte sich Kipphardt gegen weitere Unrichtigkeiten des Artikels; so wurde fälschlicherweise behauptet, Kipphardts Vater sei in einem Konzentrationslager umgekommen.

Selbstverständlich hatte sich Kipphardt während des Interviews jeglicher politischer Stellungnahme enthalten, schon aus prinzipiellen Gründen; er hat sich öffentlich nie abfällig über die DDR geäußert. Nach dem Erscheinen des Interviews gab es in Ost-Berliner Zeitschriften engagierte Stellungnahmen gegen Kipphardt. Von offizieller Seite wurde er aufgefordert, den vermeintlichen Vertrag mit dem Düsseldorfer Schauspielhaus umgehend zu lösen und in die DDR zurückzukehren. Auch Kipphardts Frau wurde mehrere Male aufgefordert, in diesem Sinne auf Kipphardt einzuwirken. Wäre Kipphardt damals in die DDR zurückgegangen, hätte er dort nicht mehr künstlerisch tätig sein können. Auch Auslandsaufenthalte wären vorerst nicht mehr denkbar gewesen. Der Entschluß, nicht zurückzukehren, bedeutete den Bruch mit der DDR.

Zunächst brachte Kipphardts Entscheidung viele praktische Probleme

8.5.60.

Ich bin auf drei Tage bei Piscator in Dillenburg, weil er mir vorgeschlagen hat, mit ihm zusammen ein Theaterstück für Rowohlt zu machen. Ist das der Mann, der noch heute ein Theater auf die Beine bringen kann, das geeignet ist, Abbildungen der Welt zu liefern? Ein Theater gerichtet

Aus Kipphardts Notatbüchern, 1960

mit sich. Sein Vater hatte glücklicherweise einen VVN-Ausweis, der ihn als Verfolgten des Nazi-Regimes auswies. Personen mit solch einer Legitimation wurden an der Grenze in der Regel nicht kontrolliert. So konnte der Vater einige persönliche Dinge, die für den Sohn von Bedeutung waren, holen. Auch der Boxerhund kam so in die Bundesrepublik. Noch wußten auch gute Freunde nicht, daß Kipphardt beabsichtigte, im Westen zu bleiben. Am 10. Oktober 1959 verließen Lore Kipphardt und die beiden Kinder Ost-Berlin und fuhren nach Krefeld, wo sie vorerst bei Kipphardts Eltern unterkamen. Bei den zuständigen Polizeibehörden in der DDR stellte Kipphardt einen formellen Ausreiseantrag, der nach einiger Zeit abschlägig beschieden wurde. Die Übersiedlung in die Bundesrepublik verstand Kipphardt keineswegs als eine positive Alternative zum Leben in der DDR, schließlich hatte er 1949 der Bundesrepublik den Rücken gekehrt, um in der DDR zu leben.

In einem persönlichen Brief an seinen Freund Heinrich Kilger benennt Kipphardt seine Motive, die ihn bewegt haben, nicht mehr in die DDR zurückzukehren. Er war sich durchaus bewußt, daß nicht alle seine Freunde diesen Schritt billigen würden, zumal Versuche von Ernst Busch und Stefan Heym, ihn zur Rückkehr in die DDR zu bewegen, erfolglos geblieben waren. *Ein Schriftsteller, der an seinem alten Wohnort keine Arbeitsmöglichkeit mehr sah, ohne zum Lügner zu werden, ist an einen anderen Ort gezogen, das ist alles. Nicht daß der neue Ort ein Freund und Begünstiger der Wahrheit wäre – ich habe ihn gut gekannt und ich bin über ihn ganz ohne Illusionen –, aber es ist ein Ort, wo man seine Freunde und seine Feinde gut unterscheiden kann, und es scheint gegenwärtig möglich – das kann eine Frage der Zeit sein –, eine Anzahl von Wahrheiten zu verbreiten, die man für verbreitungswürdig hält. Wenn es anders ist, so werde ich auch hier weggehen. Ich verstehe diejenigen gut, die sagen mögen, daß ich meine Arbeit, oder überhaupt die Möglichkeit, Kunst zu machen, zu wichtig nehme, daß die Geschichte Zeiten kennt, da der Kunst kein Raum bleibt als die Dekorierung der Meinung der Mächtigsten, und daß man weise zu warten habe, wenn man nicht vor der Geschichte als Dummkopf dastehen wolle. Ich verstehe diese Ansicht, aber ich teile sie nicht, da sich in ihr ein historischer Determinismus verbirgt, der schon ein bißchen was von religiöser Ergebenheit fordert, den Menschen mißachtet und objektiv falsch ist.*[68]

Heinar Kipphardt zog mit seiner Familie nach Büderich bei Düsseldorf, in die Oststraße 1. Anfang 1960 wurde der Autorenvertrag zwischen Kipphardt und dem Düsseldorfer Schauspielhaus verlängert, so daß der Schriftsteller vorerst finanziell abgesichert war. Doch schon wenige Monate später wurde deutlich, daß die Düsseldorfer Bühne Kipphardt entgegen früheren Zusagen nicht weiterbeschäftigen wollte.

Bevor Langhoff 1946 Intendant des Deutschen Theaters in Ost-Berlin wurde, war er kurze Zeit Intendant am Düsseldorfer Schauspielhaus. Später leitete Gustaf Gründgens das Haus. Seit 1951 wurde die Bühne nicht mehr städtisch verwaltet, sondern als Gesellschaft mit beschränkter Haftung geführt, als ein Privatunternehmen, das zum großen Teil von Geldern der rheinischen Hochfinanz lebte. Karl-Heinz Stroux war seit

1955 Intendant, er kam als Oberspielleiter von den staatlichen Bühnen in West-Berlin und verfolgte ein Spielplankonzept, das sich mit politischem Theater kaum auseinandersetzte. Das absurde Theater, vor allem Eugène Ionesco, und sorgfältige Klassikerinszenierungen waren sein Metier. Stroux' Theaterarbeit war so ziemlich das Gegenteil von dem, was Kipphardt wollte und konnte.

In einem Brief an Piscator machte sich Kipphardt über die Düsseldorfer Verhältnisse Luft: *Die Theaterlandschaft, wie sie sich meinem Auge bietet, ist wüst und leer, von Dummheit, Dilettantismus und Charakterlosigkeit, man kann sich kranklachen, was da so unter Theaterarbeit verstanden wird, ich bin froh, daß ich nur einen Autorenvertrag habe, den ich natürlich erfülle. Wenn ich in den nächsten anderthalb Jahren keine wirklich lohnende Theaterarbeit finde, setze ich mich in ein kleines italienisches Dorf, schreibe mein Zeug und fertig.*[69] Kipphardt litt unter der Situation; sein Wunsch, von Düsseldorf wegzugehen, vielleicht sogar Deutschland zu verlassen, war groß. Noch bis Anfang der siebziger Jahre, bis zu dem Zeitpunkt, als sich Kipphardt definitiv entschloß, nach Angelsbruck zu ziehen, spielte er mit dem Gedanken auszuwandern. Manchmal schien ein Plan, nach Italien zu gehen oder in Südfrankreich Wohnung zu nehmen, konkrete Formen anzunehmen, doch ist von seiner Arbeit her gesehen die Vorstellung, daß er im Ausland hätte leben können, einigermaßen befremdlich. Es wäre eine künstliche Existenzweise geworden, ein freiwilliges Exil, denn was Kipphardt mitzuteilen hatte, entsprang unmittelbar der deutschen Wirklichkeit und nahm Bezug auf die jüngste deutsche Geschichte. Gerade das Leiden an diesen Zuständen machte Kipphardts Produktivität aus, und der Wunsch, dem zu entfliehen, entsprang einem Überdruß und Ruhebedürfnis, dem Kipphardt letztlich nie nachgegeben hat.

Vorerst erlaubte es der Düsseldorfer Autorenvertrag, daß Kipphardt ohne Eingriffe des Theaters ein Stück schreiben konnte. Er zog zwei Stoffe in Erwägung. Einmal dachte er an ein Stück über J. Robert Oppenheimer, den Vater der Atombombe, zum andern plante er die Dramatisierung seiner Kriegserzählungen. In letzter Zeit hatte er sich wieder mit seinen Kriegserlebnissen beschäftigt und die Erzählung *Der Mann des Tages* (sie trug bei der ersten Veröffentlichung noch den Titel *Die Ganovenfresse*) geschrieben. Kipphardt entschloß sich, zunächst das Stück *Der Hund des Generals* zu schreiben. Unter gleichem Titel hatte er 1956 schon eine Erzählung veröffentlicht. Das Stück, *eine Kriegsgeschichte, eine antimilitärische Satire*[70], nahm Motive aus beiden Erzählungen auf. Kipphardt schrieb das Stück 1960/61. Obwohl es mit der finanziellen Unterstützung des Düsseldorfer Schauspielhauses entstand, kam es dort nicht zur Aufführung. Es wurde erst 1962 an den Münchener Kammerspielen uraufgeführt.

Ein Brief an Heinrich Kilger belegt die Bemühungen Kipphardts, im

Heinar Kipphardt, Anfang der sechziger Jahre

westdeutschen Kulturbetrieb Fuß zu fassen, er berichtet von ersten Erfolgen, die ihm bald ermöglichen sollten, den unerquicklichen Aufenthalt in Düsseldorf zu beenden: *Ich habe einen sehr angenehmen und auch sehr rührigen Theaterverlag, Drei Masken in München, und einen, wie mir*

«Die Stühle des Herrn Szmil», Wuppertal 1961

scheint, ebenfalls angenehmen Buchverlag, den Langen-Müller in München. Er bringt einen Band Kriegsgeschichten heraus und ein Stück. Ich hoffe, daß ich Ende des Jahres vom Ertrag meiner Arbeit leben kann, ohne feste Verträge machen zu müssen. Eventuell muß ich mit einem Fernsehstückvertrag polstern, wenn das gelingt, wollen wir Mitte 1961 nach Italien ziehen, in ein Haus, das direkt am Meer gelegen ist, 14 Kilometer von Alassio. Das Leben ist dort eher billiger, und ich fühle mich von dem teuren Vaterlande ja nicht so stark an den Busen gedrückt... Am meisten fehlen uns hier natürlich die Freunde, es gibt wenige Leute, mit denen man gerne reden möchte in dieser Gegend. Lore und die Kinder sind gesund, die Kinder besonders Linde hängen sehr an Berlin, das ja auch wirklich die angenehmste deutsche Stadt ist.[71] Nachdem Kipphardt einen Lektorenvertrag mit Bertelsmann abgeschlossen hatte, der ihm die Lebensgrundlage sicherte und darüber hinaus Zeit ließ für seine eigenen schriftstellerischen Arbeiten, zog die Familie nach München-Ottobrunn in die Lilienstraße 17. In München besorgte Kipphardt im Auftrag des Bertelsmann-Verlags die Einrichtung von Theaterstücken für das Fernsehen.

Nach und nach begannen westdeutsche Bühnen, Kipphardts Stücke zu spielen. In Wuppertal inszenierte Rudolf Wessely 1961 *Die Stühle des Herrn Szmil*. Das Stück sollte ursprünglich in Ost-Berlin am Deutschen

Theater uraufgeführt werden, jetzt hatte es in Wuppertal seine erste Premiere. Das Bühnenbild besorgte Siegfried Stephanek, auch er war wie Wessely von Ost-Berlin nach Westdeutschland gegangen. Doch Kipphardts Komödie war eigentlich für ein DDR-Publikum geschrieben worden, und so wurde die Inszenierung nur ein Achtungserfolg. Erst eine Fernsehbearbeitung für das ZDF von 1979 unter der Regie von Vojtek Jasny wurde ein satirisches Kabinettstück. Mit Jasny, den er während einer Diskussionsveranstaltung in München-Schwabing kennengelernt hatte, fand Kipphardt einen Fernsehregisseur, der sensibel und wirksam seine Stücke in Szene setzte. Die Zusammenarbeit bewährte sich vor allem bei der eindrucksvollen Filmfassung des *März*.

Seit Februar 1961 lebte die Familie in München. Kipphardts Stück *Der Hund des Generals* war fertiggeschrieben. *Dieser Tage beginnen in den Münchener Kammerspielen die Proben zu «Hund des Generals», die Besetzung ist ganz gut, die Bedingungen sind nicht ungünstig, aber man wird mir schon drauf kommen, was ich für ein Nestbedrecker bin.*[72] Die Uraufführung fand im April 1962 statt. Regie führte August Everding, der damals noch Oberspielleiter der Kammerspiele war, bevor er 1963 Intendant wurde. Das Bühnenbild besorgte Jörg Zimmermann. Die Besetzung war prominent, die Soldaten Pfeiffer und Czymek spielten Robert Graf und Norbert Kappen, den General Rampf Paul Hoffmann. Für die Aufführung im Werkraum der Kammerspiele mußten einige Kürzungen vorgenommen werden. Dies geschah unter Mitwirkung Kipphardts. Die Handlung: Vor einer *Untersuchungskommission, die von der Justizministerkonferenz eingesetzt wurde, bislang ungeahndete Verbrechen deutscher Staatsbürger aufzuklären, die im Kriege begangen wurden*[73], soll sich siebzehn Jahre nach Kriegsende der General Rampf rechtfertigen. Er wird beschuldigt, 60 Soldaten aus persönlichen Motiven heraus in den Tod getrieben zu haben, weil der Soldat Pfeiffer den Hund des Generals erschossen hatte, der ihn angefallen und seine Hose zerfetzt hatte. Der ehemalige Soldat Pfeiffer beschuldigt den General, er habe mit dem mörderischen Einsatzbefehl nur seinen Hund rächen wollen. Doch kann im Laufe der Verhandlung von der Untersuchungskommission ein kausaler Zusammenhang zwischen diesen beiden Vorfällen nicht mehr schlüssig nachgewiesen werden. Schon aus formaljuristischen Gründen wird General Rampf daher freigesprochen. Die Verhandlung endet mit den Worten des Oberstaatsanwalts: *Rechtsnorm ist Rechtsnorm,* während der Historiker Schweigeis antwortet: *Und Mord Mord.*[74] Ein Rezensent schrieb anläßlich der Münchener Uraufführung: «Das Unvermögen des Schuldigen, sich nach so langer Frist noch zu Recht angeklagt zu finden, das Unvermögen selbst des loyalsten Gerichtshofs, einen solchen Fall anders als mit der Inkompetenz des abstrakt gesetzten Rechts zu beurteilen, diese Tatsache ist selten so trostlos-nüchtern dargestellt worden wie in Kipphardts Stück.»[75]

Mit der Gegenüberstellung von *Rechtsnorm* und *Mord* wird deutlich, worum es Kipphardt im Stück geht. Subjektive Beweggründe, die einer moralischen Bewertung bedürfen, in diesem Fall die Racheaktion des Generals Rampf, verlieren sich in der nachprüfbaren Geschichte. Sie sind in einem Rechtsverfahren so gut wie nicht rekonstruierbar und damit juristisch nicht einklagbar. In der Rechtsprechung manifestiert sich gesellschaftliche Macht, und Gesetze ignorieren letztendlich moralische Fragen. Was passiert, wenn der Staat dennoch versucht, persönliche Motive zum Gegenstand einer Untersuchung zu machen, hat Kipphardt in sei-

«Der Hund des Generals»,
Kammerspiele München
1962

nem Stück *In der Sache J. Robert Oppenheimer* eindringlich demonstriert. Das Ergebnis ist Gesinnungsschnüffelei.

Heinar Kipphardts Stück ist formal der Übergang von seinen Satiren hin zum Dokumentartheater. Schon die Inszenierung eines Untersuchungsausschusses erfordert eine epische Darstellung, die den Zuschauer in Reflexionsprozesse mit einbindet. Gerichtsverhandlungen oder Vernehmungen bieten sich dem dokumentarischen Theater geradezu an. Mit *Der Hund des Generals* ging Kipphardt erstmals konsequent den Weg des Dokumentarspiels. «Das erfundene Demonstrationsbeispiel ist mit Mitteln der Piscator-Bühne quasi-dokumentarisch aufbereitet, zugleich sind aber wesentliche Techniken des Brecht-Theaters (mehrschichtiger Aufbau, Spiel im Spiel, epische Vermittlung, Hervorhebung des Zeigecharakters und des Rollenspiels) mit Betonung eingesetzt, um ungeprüfte Identifikation mit vorgeführten Positionen und emotionale Überwältigung gerade beim aktuellen Stoff der Zeitgeschichte von vornherein auszuschließen.»[76]

Schon der Titel des Stücks *Der Hund des Generals* weist auf den Sachverhalt: Tiere werden in Kipphardts Werk häufig als Identifikationsträger in Anspruch genommen. So identifiziert sich März beispielsweise mit einer Weihnachtsgans, die von seiner Mutter genudelt worden war. An einer anderen Stelle des *März*-Romans heißt es, nachdem der Vater von März die Hündin an dem Garderobenhaken aufgehängt hatte: *Es war meine Empfindung, es ist nicht die Hündin an dem Garderobenhaken, sondern die Mutter.* Und zuvor im Text läßt Kipphardt März sagen: *Der Hund meines Vaters war eine Hündin, ein Rasse-Cocker-Spaniel, braun gesprenkelt und mußte volldressiert auf meinen Vater hören in jeder Lebenslage, Herr und Hund perfekt, im Unterschied zu mir.*[77] März trifft diese Aussagen auch, um seine Stellung innerhalb der Familie zu charakterisieren. In Kipphardts Stücken werden oft Menschen mit Hunden verglichen, und auch in den *Traumprotokollen* finden sich ähnliche Passagen. Dies verwundert kaum, denn schließlich repräsentiert der Hund auf der Ebene des Triebes noch einmal, wie kein anderes Haustier, Autoritätskonflikte: der domestizierte Wolf, der zum «hündischen» Gehorsam abgerichtet wird, während der Mensch Verfügungsgewalt über ihn besitzt. Das Hundemotiv steht demnach in Kipphardts Werk stellvertretend für komplizierte Beziehungskonflikte.

Als Kipphardt bemüht war, *Der Hund des Generals* bei Piscator an der Freien Volksbühne unterzubringen, konnte sich die Dramaturgie nicht für das Stück entscheiden. Es blieb die Frage, wie ein Publikum auf Kipphardts Geschichte reagieren würde, ob sich die Zuschauer überhaupt einen General vorstellen könnten, der um eines noch so geliebten Hundes willen eine ganze Gruppe von Soldaten in den sicheren Tod schickt. Wenn ja, sei der Erfolg gesichert, wenn nein, so werde es viel böses Blut geben. Aus diesen Gründen lehnte Piscator das Stück ab. Die Freie Volksbühne hatte allen Grund zur Vorsicht; seit 1962 Piscator die Bühne leitete, wurde ihre Tätigkeit von einer rechtskonservativen Presse mit wenig Wohlwollen verfolgt. Erst der Erfolg des Stückes an den Münchener Kammerspielen ließ die Berliner Bedenken als unbegründet erscheinen. Für Kipphardt selbst stand es außer Frage, daß seine Handlung trug. Der deutsche Schäferhund war für ihn das Symbol für eine pflichtbewußte Existenz, *kein besserer Freund als ein Hund, den Herrgott ausgenommen. Vom Wolf zum deutschen Schäferhund, zweihunderttausend Jahre menschlicher Kulturgeschichte.*[78]

Doch ging es Kipphardt nicht nur um diesen psychologischen Hintergrund im Stück, er wollte vor allem die deutsche Nachkriegswirklichkeit darstellen und bewußt machen. Es war ein Stück gegen die kollektiven Verdrängungsleistungen im Nachkriegsdeutschland. Sich 1962 mit der nationalsozialistischen Vergangenheit zu beschäftigen, glich der Verletzung eines Tabus. In der Bundesrepublik herrschte jene Situation, die Margarete und Alexander Mitscherlich als «Die Unfähigkeit zu trauern»[79] bezeichneten. *Soll die Angelegenheit nicht endlich ruhen? Die Antwort ist: Die Vergangenheit wird erst ruhen, wenn sie wirklich Vergangenheit geworden ist. Zur Stunde ist sie das nicht. Weder theoretisch noch praktisch. Wir werten unsere Vergangenheit wie eine unerklärliche Krankheit, die auf unerklärliche Weise ausgebrochen ist und uns Angst macht. Aber ihre Ursachen sind untersuchbar, die Erkrankung ist abwendbar, die Wiederholung vermeidbar, hier und an anderen Plätzen der Erde.*[80] Kipphardts Ausführungen, die er im Zusammenhang mit dem Stück *Der Hund des Generals* machte, sind programmatisch zu verstehen. Bis zum Ende seines Lebens hat er sich mit dem Nationalsozialismus und seinen Folgen beschäftigt.

Langsam konsolidierten sich Kipphardts Lebensverhältnisse in der Bundesrepublik. Er schrieb seine ersten Dokumentarstücke, finanziell war er durch den Vertrag mit Bertelsmann abgesichert; dort ergaben sich auch berufliche Kontakte, die ihm bei den vielen Fernsehbearbeitungen seiner Stücke nützlich werden sollten.

In der DDR waren Kipphardts Stücke vom Ost-Berliner Henschel-Verlag betreut worden. In der Bundesrepublik benötigte er einen neuen Theaterverlag. Schon 1960 hatte er erste Kontakte zum Münchener Drei Masken Verlag geknüpft. Im Verlagshaus lernte Kipphardt 1962 seine spätere zweite Frau Pia-Maria kennen; sie war die Frau des Verlagsleiters Pavel. Es war der Beginn einer Lebensgemeinschaft, die bis zu Kipphardts Tod dauern sollte. Ihr Entschluß, fortan zusammen leben zu wollen, brachte emotionale und praktische Probleme mit sich. Kipphardt und Pia Pavel hatten beide Familie, die Trennung aus alten Bindungen stand bevor. *Du hast vielleicht bemerkt, daß ich den Berg am liebsten noch einmal rauf gefahren wäre, um Dir zum Abschied zu sagen, was in Deinem Briefe steht, was ich sagen wollte, wo ich immer nur herumgestottert habe. Ich bin glücklich, und ich lerne von Dir mehr, als ich in dreitausend Büchern gelernt habe. Ich bin fröhlich, und ich habe Lust mit Dir von der Welt abzubeißen wie von einem großen Apfel. Ich bin sicher, daß das nicht eine wilde Flamme ist, die mein Gehirn heimsucht, und die gelöscht werden kann, sondern eine dauerhafte tief vernünftige Liebe, die alle Schwierigkeiten, sie zu verwirklichen, klein scheinen läßt.*[81] 1963 haben sich Heinar Kipphardt und Pia Pavel eine gemeinsame Wohnung in München-Untermerzing in einem Zwei-Familien-Haus genommen. In der Goteboldstraße 54 wohnten sie bis zu ihrem endgültigen Umzug nach Angelsbruck.

Pia Pavel

Pias vierjährige Tochter Isabella zog mit in die Goteboldstraße, während die ältere Tochter Angela beim Vater blieb.

Schon in der Düsseldorfer Zeit hatte sich Kipphardt mit dem Oppenheimer-Stoff beschäftigt. Es war journalistische Fleißarbeit, die Protokolle des Untersuchungsausschusses gegen J. Robert Oppenheimer, die von der Atomenergiekommission der USA im Mai 1954 veröffentlicht worden waren, zu übersetzen und durchzuarbeiten. Die 3000 maschinengeschriebenen Protokollseiten waren die Grundlage für Kipphardts *Oppenheimer*-Stück. *Sie müssen – also ich mache es jedenfalls so – eine Zeit vorschalten, indem Sie quasi als ein Journalist mit unglaublich viel Zeit arbeiten. Sie können das auch anspruchsvoller «wissenschaftlich» nennen. Danach müssen Sie aber in den Stand kommen – sonst würde ich den Stoff trotz großer Vorarbeiten wieder aufgeben –, wo Sie sehen, das ist in einer bestimmten sinnlichen, von mir aus subjektiven Weise zu erzählen: Ich kann mich – unter Respektierung der Fakten – im Stoff frei bewegen. Es ist ein Irrtum anzunehmen, das Stück wäre mit der Schere gemacht, ich hätte Teilchen aneinandergesetzt. Es enthält natürlich – auf der Basis der Fakten – meine Betrachtungsweise, meine Schreibweise, meine Szenenführung, auch meine Person. Ich stecke im Material, ich entreiße ihm die mich inter-*

essierenden Bedeutungen.[82] Diese Ehrfurcht vor dem Material, die Strenge, die auf Wahrheit aus ist, macht die Qualität des *Oppenheimer* aus.

Heinar Kipphardt legte großen Wert auf sorgfältige Recherchen. Über eine Publikation, die er sich von Heinrich Kilger aus Ost-Berlin hatte kommen lassen, schrieb Kipphardt: *Der sogenannte «Fall Oppenheimer» des Herrn Putik ist leider nicht nur ein bodenloser Unsinn, sondern auch eine echte Fälschung. Ich kenne das Material im Original gut, und ich kann das sagen. Journalistische Freiheit hin und her, diese Methode ist eine verbrecherische, wenn auch viel geübte. Der alte Marx würde sich im Grabe umdrehen, wenn er erführe, wie in seinem Namen mit Dokumenten umgegangen wird. Natürlich nicht nur in seinem Namen, sondern vielerorts in vielerlei Namen. Die Geisteswissenschaften sind so auf den Hund gekommen, daß man sie mit dem Namen Wissenschaft schon gar nicht mehr kennzeichnen mag. Wie ist es zu dieser Angst vor Neuigkeiten gekommen? Seit wann werden Neuigkeiten von denen gefürchtet, die ihre Lage ändern wollen? Von den andern muß man nicht reden.*[83]

Heinar Kipphardts Stück hat die Verhandlung gegen den amerikanischen Physiker J. Robert Oppenheimer vor einem amerikanischen Untersuchungsausschuß zum Gegenstand. *Es ist die Absicht des Verfassers, ein abgekürztes Bild des Verfahrens zu liefern, das szenisch darstellbar ist und die Wahrheit nicht beschädigt.*[84]

Unter Oppenheimers Leitung wurde 1943 im amerikanischen Los Alamos, einem Waffenlabor in unzugänglicher Gegend bei Santa Fe, die erste Atombombe hergestellt. Oppenheimer war Direktor der Atomwaffenlaboratorien und höchster Regierungsberater in Atomfragen. Er galt als exzellenter Wissenschaftler und Organisator. Allerdings gab es von Anfang an gegen Oppenheimer Sicherheitsvorbehalte, schon deshalb, weil sein Bruder seit Ende der dreißiger Jahre Mitglied der Kommunistischen Partei war. Auch Oppenheimer sympathisierte mit den Kommunisten, und seine Frau, die Witwe eines Spanienkämpfers, der gegen Franco fiel, war Mitglied der Kommunistischen Partei gewesen. Hinzu kam, daß er in eine Spionageaffäre verwickelt schien. Oppenheimer hatte den englischen Chemie-Ingenieur George Elenton bei den Sicherheitsbehörden angezeigt, um von einem unbegründeten Verdacht gegen sich und seinen ehemaligen Universitätskollegen Haakon Chevalier abzulenken. Es ging um die Spionage einer linken Gruppe, die Informationen an die Sowjets weiterleitete. Auf Grund seiner Vergangenheit befürchtete Oppenheimer, seine Stellung zu verlieren. Als dann Mitte 1945 die erste Atombombe verfügbar war, wurde ihr militärischer Einsatz diskutiert. Deutschland hatte schon am 8. Mai 1945 kapituliert, so daß der Einsatz der neuen Waffe hier nicht mehr in Frage kam. Ein Plan, die verheerende Wirkung der Bombe ohne militärischen Einsatz öffentlich zu demonstrieren, wurde von den Militärs verworfen. Die Atombombe

Atompilz über Nagasaki, 9. August 1945

wurde gegen Japan eingesetzt, am 6. August 1945 wurde die Bombe über Hiroshima gezündet. Es gab 78 000 Tote, 13 000 Vermißte und 37 000 Verwundete. Mit dem Einsatz der Atombombe wurde der Zweite Weltkrieg beendet.

Über den Eindruck der Explosion des ersten Atombombenversuchs läßt Kipphardt Oppenheimer vor dem Untersuchungsausschuß berichten: *Keiner sah, ich glaube, das erste Aufblitzen des Atomfeuers. Als ich die Augen aufmachte, sah ich in völliger Stille ein nie gekanntes Licht, ein blendend weißer Feuerball, der wuchs, schien Himmel und Berge zu verschlingen. Dann hörten wir erst die Explosion, die Luftdruckwelle, ein Sandsturm von einem anhaltenden dunklen Donnern begleitet. In diesen Sekunden erinnerte ich mich an zwei Verse aus dem Gesang des Hindus, die ich behalten hatte. Der eine: «Wenn das Licht aus tausend Sonnen am Himmel plötzlich hervorbräche, das wär der Glanz des Herrlichen.» Der andere: «Ich bin der Tod, der alles raubt, Erschütterer der Welten.»*[85]

Nach dem Krieg machte Oppenheimer den Vorschlag, eine internationale Organisation zu gründen, in der die zivilen Anwendungsmöglichkeiten der Atomenergie erforscht werden sollten. Der Plan scheiterte an der Sowjet-Union. In den frühen fünfziger Jahren gab es keine Zusammenarbeit der beiden Supermächte, es war die Zeit des Kalten Kriegs. Am 31. Januar 1950 beschloß die amerikanische Truman-Administration die Entwicklung der Wasserstoff-Bombe. Sie wollte alle erforderlichen Mittel hierfür bereitstellen, um gegen eine mögliche Bedrohung seitens der Sowjet-Union gerüstet zu sein. Dies hielt sie für notwendig, denn nur vier Jahre nach Hiroshima hatte die Sowjet-Union den atomaren Vorsprung der Amerikaner eingeholt. In dieser Situation kam es zu den Beschuldigungen, Oppenheimer habe durch sein Verhalten die Erforschung der Wasserstoff-Bombe verzögert und dadurch die Verteidigungskraft Amerikas unterminiert. Am 12. April 1954 begann die Verhandlung gegen Oppenheimer. Seine Loyalität gegenüber dem amerikanischen Staat wurde in Frage gestellt. Die Ermittlungen führten zur Verurteilung Oppenheimers, dem daraufhin das Vertrauen des Staates entzogen wurde, ihm wurde die Sicherheitsgarantie verweigert.

Heinar Kipphardts Stück hat den prinzipiellen Konflikt dieser Vorgänge zum Thema, das Verhältnis zwischen Moral und Macht, zwischen Gewissensentscheidung und der Loyalität dem Staat gegenüber. Am Fall Oppenheimer zeigt Kipphardt spiegelverkehrt, was er kurz zuvor in seinem Stück *Der Hund des Generals* demonstriert hatte. Dort war das moralische Anliegen des Soldaten Pfeiffer juristisch nicht verhandelbar und den Fakten nach nicht rekonstruierbar. Nun wird der umgekehrte Fall beschrieben. Im Dienste einer Ideologie, die die Staatsmacht erhalten soll, wird eine Unmenge von biographischem Material gesucht, geordnet und interpretiert. In beiden Prozessen bleiben die Wahrheit und die Moral auf der Strecke. Erst wenn man beide Stücke, *Der Hund des Generals* und *In der Sache J. Robert Oppenheimer*, vergleicht, gewinnt man die

Mit Erwin Piscator und Dieter Borsche, während der Proben zur Uraufführung des «Oppenheimer» *1964*

Einsicht, daß das formale Recht im Dienste der Mächtigen steht, daß es für ihre Zwecke interpretierbar und benutzbar ist.

Zunächst entschloß sich Kipphardt, den Oppenheimer-Stoff für das Fernsehen zu bearbeiten. Am 23. Januar 1964 wurde die Fernsehfassung vom Hessischen Rundfunk ausgestrahlt. Noch in demselben Jahr wurden *Der Hund des Generals* und *Die Geschichte von Joel Brand* als Fernsehbearbeitungen gesendet. «Mit diesen politischen Sujets wurde das Fernsehen damals – ein Vorgang, der sich bislang nicht wiederholte – wegweisend für die darstellenden Künste; die dokumentarischen Mittel, auf dem Bildschirm erprobt, ließen sich herausfordernd aufs Theater übertragen.»[86] Die Qualität dieser Arbeiten wurde durch zahlreiche Auszeichnungen bestätigt. Allein 1964 bekam Kipphardt drei Fernsehpreise, unter ihnen der renommierte Adolf-Grimme-Preis des Deutschen Volkshochschulverbandes.

Das Theaterstück *In der Sache J. Robert Oppenheimer*, mit dem Kipphardt Weltruhm erlangen sollte, wurde am 11. Oktober 1964 in Berlin und München gleichzeitig uraufgeführt. Bei der Münchener Aufführung an den Kammerspielen führte Paul Verhoeven Regie, der an den Kammerspielen Schauspieldirektor war, das Bühnenbild besorgte Jürgen Rose, und Peter Lühr, den Verhoeven mit an die Kammerspiele gebracht hatte, spielte den Oppenheimer. An der Berliner Freien Volksbühne, seit 1963 mit eigenem Haus in der Schaperstraße, führte Erwin Piscator Regie. Hans Ulrich Schmückle entwarf das Bühnenbild, und Dieter Borsche spielte die Titelrolle. Während die Münchener Inszenierung im Bewußtsein der literarischen Öffentlichkeit nicht haftenblieb, gilt der Berliner *Oppenheimer* neben der 1965 am Berliner Ensemble inszenierten Aufführung als exemplarische Realisierung.

Nach der Uraufführung in München und Berlin war es Oppenheimer selbst, der sich gegen die Aufführung wandte und Kritik anmeldete. Ein Jahr zuvor war der Wissenschaftler von den amerikanischen Behörden rehabilitiert worden. Vom Präsidenten der USA erhielt er eigenhändig den Enrico-Fermi-Preis, die höchste Auszeichnung, die die amerikanische Atomenergiebehörde zu vergeben hat. Oppenheimer warf Kipphardt vor, er habe aus einer Farce, dem Untersuchungsprotokoll, eine Tragödie gemacht. Oppenheimer fühlte sich als Person falsch interpretiert, er protestierte gegen falsch wiedergegebene Einzelheiten, die sich indessen schnell aus der Welt schaffen ließen, und vor allem gegen das Schlußwort des Stückes, das seiner Person zugeschrieben wurde, obwohl es in Wahrheit nie vor dem Ausschuß gehalten wurde.

Oppenheimer war außerordentlich erschrocken, daß auf einmal da ein Kamel, also ich, daherkommt und das Gras abfrißt, das über eine Sache gewachsen schien. Viele Fragen hatte er nicht gelöst, auch bis zu seinem Tode nicht. Er schrieb mir erst ziemlich ärgerlich, daß die ganze Sache in Amerika wieder in Gang käme, und als wir dann miteinander korrespondierten und ich um Details bat, waren die Details, die er monierte, ganz kleine. Eine Anzahl von Jahren später, das Stück war mittlerweile ziemlich um die Welt gegangen, bekam ich von ihm einen neuen Brief, in dem er mich bat, ihm doch nachzusehen, daß er in einer Art von Überreaktion sich etwas kleinlich verhalten habe, denn er hätte doch gespürt, daß das Stück wichtigen Fragen nachgeht und auch sein Verhalten verstehen will.[87] Es waren Schwierigkeiten, die damit zu tun hatten, daß Kipphardt eine real existierende Person zur Grundlage für eine allgemeine, exemplarische Aussage genommen hatte. Ähnliche Schwierigkeiten bekam Kipphardt später noch einmal, als er Aussagen des psychisch kranken Dichters Ernst Herbeck, die der Psychiater Leo Navratil veröffentlicht hatte, für seine Arbeit an *März* frei verwendete. Im Grunde ein Plagiatstreit, den viele Autoren erleben müssen, die sich mit Dokumenten beschäftigen. Auch Brecht war zeitlebens solchen Vorwürfen ausgesetzt. *Es ist für den historisch Beteiligten besonders schwer, aus dem Gestrüpp der tausend miteinander verfilzten Details der Wirklichkeit die objektive Distanz zu gewinnen, die gebraucht wird, um den innersten Kern und Sinn einer historischen Begebenheit von den umherspielenden Zufälligkeiten zu befreien, um sie der Zeitgenossenschaft als ein bedeutendes Exempel darzustellen. Indem*

J. Robert Oppenheimer (rechts) mit Albert Einstein

der Bühnenschriftsteller den Boden der Zeitgeschichte betritt, ist sein Geschäft diese Umwandlung, auch wenn er sich, wie ich, an alle wesentlichen historischen Tatsachen gebunden sieht. Wenn wir ihm dieses Recht bestreiten würden, dann würden wir der Bühne das Recht auf die Behandlung der Zeitgeschichte bestreiten.[88]

In einem Brief an Oppenheimer stellte Kipphardt unmißverständlich klar, welche Absichten er mit seinem Stück verfolgte. *Ich denke, daß mein Stück keinen Zweifel daran läßt, daß Los Alamos eine notwendige, für die Geschichte der Menschheit bedeutsame Unternehmung war... Ich habe auch niemals die Dummheit goutiert, in Deutschland über die schreckliche und unnötige Bombadierung Dresdens zu lamentieren, ohne zu bedenken, daß Dresden die unheilvolle Konsequenz von Guernica, Rotterdam und Coventry war. Wenn ich die Fragen meines Stückes nicht im eigenen Hause, in Deutschland, behandeln kann, so liegt das an dem Umstand, daß es ein deutsches Atomwaffen-Projekt glücklicherweise nicht gab, und, so hoffe ich, auch ferner nicht geben wird. Das Stück ist aber deshalb in gar keiner Weise antiamerikanisch etwa, es ist nicht wissenschaftsfeindlich, und es ist nicht im platten Sinne ein Anti-Atombomben-Stück.*[89]

So wie Kipphardt seit Kriegsende die Autonomie der Kunst strikt ablehnte, so wandte er sich gleichfalls gegen die Vorstellung einer wertfreien Wissenschaft, wonach der Forscher sein Wissen und seine Forschungsergebnisse, gleichsam als Ware, den Politikern und der Wirtschaft zur Verfügung zu stellen habe. Kipphardt beharrte darauf: beide, der Wissenschaftler und der Künstler, haben politisch Stellung zu beziehen und sind moralisch verantwortlich.

Doch nähert sich Kipphardts *Oppenheimer* in seiner Schlußrede dieser Erkenntnis nur zögerlich. *Wenn ich denke... daß unsere Laboratorien von den militärischen Instanzen bezahlt und wie Kriegsobjekte bewacht werden, wenn ich denke, was im gleichen Fall aus den Ideen des Kopernikus oder den Entdeckungen Newtons geworden wäre, dann frage ich mich, ob wir den Geist der Wissenschaft nicht wirklich verraten haben, als wir unsere Forschungsarbeiten den Militärs überließen, ohne an die Folgen zu denken.*[90] Brecht dagegen läßt in «Leben des Galilei» seine Titelfigur in einer Schlußrede, an der sich Kipphardt orientierte, unmißverständlich und lapidar sagen: «...ich überlieferte mein Wissen den Machthabern, es zu gebrauchen, es nicht zu gebrauchen, es zu mißbrauchen, ganz wie es ihren Zwecken diente. Ich habe meinen Beruf verraten.»[91]

Bertolt Brecht hatte die Frage, wie sich das Drama zur Realität, wie sich der ästhetische Schein zur Wirklichkeit verhält, grundlegend reflektiert und daraus eine Theorie des «epischen Theaters» gewonnen. Kipphardt hingegen hatte kein ausgeprägtes Interesse an ästhetischer Theorie. Seine wenigen, verstreuten theatertheoretischen Anmerkungen blieben in sich widersprüchlich.

Peter Szondi hat darauf verwiesen, daß Brecht und Piscator Erben des naturalistischen Dramas sind. Beide entwickelten den Widerspruch zwischen «sozialer Thematik» und «dramatischer Form», der den naturalistischen Stücken innewohnt, auf ihre Art weiter. Brecht und Piscator wußten, daß die aktuellen sozialen und gesellschaftlichen Probleme nicht mehr mit dem herkömmlichen Formenkanon des Theaters darstellbar waren und zogen die Konsequenz; die Form des Theaters wurde von ihnen verändert. «Während aber der Regisseur Piscator aus der antithetischen Struktur des ‹sozialen Dramas› das Revue-Moment» – also die Montage-Technik – «heraushebt und zum neuen Formenprinzip werden läßt, greift der Dramatiker Brecht tiefer: ihm geht es um die Inthronisierung des wissenschaftlichen Prinzips.» Brecht diskutiert Inhalte als Formfragen. Er «führt die Gegenständlichkeit, in der bei Hauptmann die schlesischen ‹Kohlebauern› dem fremden Sozialforscher erscheinen, aus der

Zufälligkeit der Thematik in das Institutionelle der Form über»[92]. Das Ergebnis dieser Bemühungen ist bekannt. Es ist komprimiert in der berühmten Gegenüberstellung des (alten) dramatischen Theaters im Gegensatz zum «epischen Drama» in den Anmerkungen zur Oper «Aufstieg und Fall der Stadt Mahagonny» nachzulesen.[93] Brecht entwickelte eine neue Technik des Dramenbaus, das Prinzip der Verfremdung, das die Einfühlung des Zuschauers konsequent verhindern will und damit das Spielgeschehen zum nachprüfbaren Untersuchungsgegenstand macht. Brecht ging Piscators Bühnenrevolution nicht weit genug. «Die belehrenden Elemente in einer Piscator- oder einer ‹Dreigroschenoper›-Aufführung waren sozusagen einmontiert; sie ergaben sich nicht organisch aus dem Ganzen, sie standen in einem Gegensatz zum Ganzen; sie unterbrachen den Fluß des Spieles und der Begebenheiten, sie vereitelten die Einführung, sie waren kalte Güsse für den Mitfühlenden... Belehrung und Unterhaltung stehen auf einem Kriegsfuß miteinander.»[94]

Heinar Kipphardts Dokumentartheater knüpft eher an Problemstellungen Piscators an. Die Gründe, die Piscator nach dem Ersten Weltkrieg anführte, die Bühne zu revolutionieren, galten genauso nach dem Zweiten Weltkrieg. «Ich wollte etwas anderes machen als Illusionstheater oder, wie Reinhardt, magisches Theater, ich wollte ein Theater, das die epische Nachgestaltung des wirklichen Lebens erlaubt. Wir, das waren einige, die krank oder gebrechlich aus dem Krieg kamen, oft sogar mit Blut an den Händen, wir wollten etwas Neues schaffen. Wir kämpften gegen das ‹Mysterienhafte›, das ‹Geheimnisvolle›, ‹Zauberhafte› im Theater. Wir wollten dem Zuschauer das Gefühl geben, daß er im Theater ist, und zwar nicht, um dort ein phantastisches Leben zu erleben, sondern ein Leben, das größer ist, Teil des wirklichen Lebens, vielfältiger Teil, zusammengesetzt aus den zahlreichen Ereignissen, die alle den Menschen betreffen.»[95]

Auch Kipphardts Bemühen um Authentizität zielt zunächst auf neue theatralische Darstellungsformen und nicht so sehr auf strukturelle Durchdringung von Inhalten. Erst mit *Bruder Eichmann* konfrontiert Kipphardt ein strukturelles Problem, die kollektive *Eichmann-Haltung*, mit dokumentarisch nachweisbaren Fakten auf der Bühne.

Dennoch bleibt Kipphardts *Oppenheimer* ein eindrucksvolles Plädoyer für die Veränderung der Gesellschaft, um die endgültige Katastrophe, die Vernichtung der Menschheit zu verhindern. *Wie kann man herausfinden, wie Menschen miteinander leben könnten, möglichst zwanglos? Also wie könnte eine freiere, befreite Gesellschaft aussehen? Denn das kann doch nicht das letztliche Ziel von Menschheitsentwicklung sein, daß alle den Zwecken von Wirtschaft als Rädchen unterworfen sind und psychisch wie mental verkrüppeln.*[96]

Bis heute hat das Stück nichts an Aktualität eingebüßt, durch die unaufhaltsame Aufrüstung der Weltmächte und die anhaltende atomare Bedrohung hat sich der Konflikt eher noch zugespitzt. Im Oktober 1981 schrieb Kipphardt in der «Deutschen Volkszeitung»: *Was die jeweils Nachrüstung genannten Rüstungseskalationen angeht: es gibt keine Waffe, die nur in der Hand von einer Seite bleibt, und wenn Neutronenwaffen so gut gegen russische Panzer sein sollen, dann können sie wohl auch von russischen Panzern aus abgeschossen werden.* Zusammen mit den Kollegen Dieter Süverkrüp und Dieter Lattmann, der Theologin Dorothee Sölle und dem Politologen Elmar Altvater protestierte er gegen die Stationierung von Neutronenwaffen in der Bundesrepublik. *Es gibt in der Geschichte keine vergleichbare Situation. Die allgemeine, die ganze Bevölkerung bedrohende Gefahr macht eine allgemeine Gegenwehr erforderlich, die an bestimmte politische Überzeugungen nicht gebunden ist.*[97] Auch aus solchen Gründen steht *In der Sache J. Robert Oppenheimer* nach wie vor auf den Spielplänen der Theater. In einer vielbeachteten Inszenierung des *Oppenheimer* am West-Berliner Renaissance-Theater 1981 ließen die Regisseure Knut Boeser und Heribert Sasse ein Interview mit Sammuel T. Cohen wörtlich vortragen, das dieser dem «Spiegel» gegeben hatte. Der «Vater der Neutronenbombe» äußerte, daß er die Menschen für «Monstren» halte, er selbst sei keine Ausnahme, und ihm ginge es lediglich um die Effektivität der von ihm entwickelten Vernichtungswaffen. *Die frühere Geschichte berichtet die Ausrottung einzelner Stämme, einzelner Rassen, einzelner Völker. Jetzt kann die Menschheit im Ganzen durch den Menschen vernichtet werden. Es ist bei rationaler Prüfung wahrscheinlich, daß das geschehen wird, wenn wir die neuen Formen des politischen Zusammenlebens nicht entwickeln, die diese Erde braucht. Die mögliche Apokalypse ist eine Realität unseres Lebens. Wir wissen das, aber wir kapseln dieses Wissen ein. Es scheint uns nicht akut. Wir meinen, es hat noch Zeit. Aber wir haben nicht viel Zeit.*[98]

Der weltweite Erfolg des *Oppenheimer* versetzte Kipphardt finanziell in die Lage, als freier Autor zu leben. Auch mit anderen Stücken und Fernsehspielen war Kipphardt erfolgreich. Schon 1964 war die Fernsehfassung von *Joel Brand* gesendet worden. Das gleichnamige Theaterstück wurde ein Jahr später fertig. *Der Stoff und die Hauptpersonen sind historisch, gestützt auf vielerlei Quellen, insbesondere auf «Die Geschichte von Joel Brand» von Alex Weissberg, Köln 1956, und «Der Kastnerbericht», München 1961.*[99] Mit *Joel Brand* dokumentiert Kipphardt die *Geschichte eines Geschäfts.* Brand als Beauftragter der jüdischen Organisation Waada verhandelt mit Eichmann in Budapest über eine Million Juden, die gegen 10000 Lastkraftwagen freigekauft werden sollen. Die Alliierten lehnen das Geschäft ab, der Handel kommt nicht zustande, und den Juden bleibt nur der Weg in die Vernichtungslager. Die Uraufführung des Stücks fand in den Münchener Kammerspielen statt, das Theater war in der Zwischenzeit so etwas wie Kipphardts Uraufführungsbühne geworden. August Everding führte Regie, das Bühnenbild war von Jörg Zim-

mermann und Joel Brand wurde von Robert Graf gespielt. Mit *Joel Brand*
schrieb Kipphardt sein drittes Dokumentarstück, wenn man *Der Hund
des Generals* als solches gelten läßt.

Es war das Verdienst von Piscator, dem Dokumentartheater weltweite
Geltung zu verschaffen. Seit 1962 leitete er die Freie Volksbühne in Berlin
und hatte konsequent diese Form des politisch engagierten Theaters gefördert. Neben Rolf Hochhuths Stück «Der Stellvertreter» und dem
Stück von Peter Weiss «Die Ermittlung» gilt Kipphardts *Oppenheimer* als
wichtigstes Stück des Dokumentartheaters. Viele Kritiker wußten die
neuen bewußt politischen Stücke künstlerisch nicht einzuordnen, zumal
sich die Stücke auf Fakten beriefen und zum Teil mit wissenschaftlichem
Anspruch auftraten. Schon der Begriff Dokumentartheater war für die
Rezeption dieser Stücke nicht hilfreich, Kipphardt hat im Hinblick auf

«Joel Brand», Kammerspiele München 1965

seine Stücke diese Bezeichnung abgelehnt. Als sich das Dokumentartheater Mitte der sechziger Jahre durchgesetzt hatte, wurde es ein gängi-
ges Muster der Kritik, den Autoren zwar für ihr moralisches Engagement
Respekt zu zollen, ihren Stücken aber keinen großen ästhetischen Wert
beizumessen.

Heinar Kipphardt selbst hat sich entschieden gegen den Vorwurf ver-
wahrt, es würden beim Dokumentartheater lediglich Fakten konstatiert.
Diese Kritik kommt zum Beispiel in Martin Walsers Argumentation zum
Ausdruck: Dokumentartheater sei lediglich Abbildungstheater, könne
somit die Realität nicht erreichen und sei deshalb bedeutungslos.[100] Es ist
im Grunde die alte Realismusdiskussion, der Vorwurf, abgebildete Wirklichkeit sei weniger als die Wirklichkeit. Kipphardt hielt dagegen: *Sie
müssen natürlich, wie jeder andere Dramatiker auch, ein in sich zusam-*

Fotomontage von John Heartfield

menhängendes, folgerichtiges Stück schreiben, das seine eigene Sprache und seine eigene szenische Dialektik hat, die ja bei jedem Schriftsteller verschieden ist.[101]

Unmißverständlich hat Kipphardt noch einmal seine Verfahrensweise bei seinen Dokumentarstücken klargelegt, als er sie mit der Arbeitsweise von John Heartfield verglich. *Ja, ich hatte einen guten Freund, viel älter als ich, und ich liebte ihn sehr. Das war John Heartfield, ein Fotomonteur... Und Johnny sagte mir mal etwas, was sehr bezeichnend ist. Er sagte: Wir –*

damit meinte er auch den George Grosz, mit dem er ja zusammengearbeitet hat – wir haben die ganze Fotomontage eigentlich entwickelt, weil das Foto so lügt. Er wollte sagen, nur indem ich Zusammenhänge herstelle auf Montageweise, komme ich der Wahrheit näher. Montieren heißt, die Sachen in die richtigen Zusammenhänge bringen, die Tatsachen zu ihrer Bedeutung bringen.[102]

Obwohl Kipphardt für seine Stücke Dokumente benutzte und gründlich recherchierte, waren es literarische Verfahrensweisen, die sein Arbeiten bestimmten. Besonders deutlich wird dies später, wenn Kipphardt eigene subjektive Daten erhebt und als Material benutzt: in seinen *Traumprotokollen*. Er bearbeitete sein Traummaterial genauso, wie er Aktenmaterial verwendete. Erst ein falsch verstandener Begriff von Subjektivität, von Autorenschaft und Künstlertum ließ die ästhetischen Debatten um Dokumentartheater entstehen. Sie verdeckten nur zu oft auch politische Gegensätze. Das ist besonders an Kipphardts letztem Stück *Bruder Eichmann* zu verfolgen. Die ästhetischen Vorbehalte gegen das Stück waren häufig von der politischen Meinung gar nicht mehr zu unterscheiden.

Nach seinem Weggang aus Ost-Berlin durfte Kipphardt nicht in die DDR einreisen. Er bekam von den Behörden kein Einreisevisum, obwohl er sich darum bemühte. Erst mit der Absicht des Berliner Ensembles, Kipphardts *Oppenheimer* zu inszenieren, änderte sich kurzfristig die Situation. Kipphardt konnte die Proben verfolgen. Der Brecht-Nachfolger am Berliner Ensemble, Manfred Wekwerth, und sein Dramaturg Jochen Tenschert, die oft gemeinsam inszenierten, brachten den *Oppenheimer* auf die Bühne am Schiffbauerdamm. Die Premiere fand am 12. April 1965 statt. Die Inszenierung wurde allgemein als gültige Geneninszenierung zu Piscators Uraufführung in West-Berlin verstanden. Wekwerth und Tenschert griffen bei der Inszenierung eine Idee von Giorgio Strehler auf. Strehler hatte im Piccolo Teatro in Mailand Kipphardts Stück in den Kulissen von Brechts «Leben des Galilei» spielen lassen, das kurz zuvor auf dem Spielplan des Theaters stand. Die Aufführung war ein großer Erfolg, doch stand Kipphardt der Strehlerschen Inszenierung eher kritisch gegenüber: *Strehler ist in Mailand ganz radikal und konsequent auf ein ziemlich abstraktes und weitgehend entpersönlichtes Denkspiel losgesteuert... Es war der Versuch, aus «Oppenheimer» ein Lehrstück zu machen, und seine Absicht wurde von ganz vorzüglichen Filmen in den Zwischenteilen unterstützt. Die Aufführung hatte keinerlei szenische Dramatik, sie war die Darbietung eines Diskurses eher als ein Theaterstück. Die Aufführung hatte beim Publikum und in der Presse großen Erfolg, aber ich glaube, es ist nicht der richtige Weg, das Stück zu inszenieren.*[103]

Bei Kipphardts Einschätzung mögen auch die Vorbehalte gegen Brecht und sein Theater eine Rolle gespielt haben. *Ja, ich kannte Brecht gut. Ich bin nie in sein Theater eingetreten, obwohl ich das hätte tun können. Das*

Das Berliner Ensemble am Schiffbauerdamm

Ekkehard Schall als «Oppenheimer», Berliner Ensemble 1965

hatte wohl zu tun mit der übergroßen Figur, die Brecht für mich damals war. Er hatte für mich eine große Bedeutung, aber ich hielt es für richtiger, nicht in sein Theater einzutreten und ein Schüler zu werden.[104] Mit Strehler und dem Berliner Ensemble holten ihn die Brechtianer wieder ein. Sie vereinnahmten sein Stück im Brechtschen Sinne.

Das Berliner Ensemble übernahm die Idee, den *Oppenheimer* in der Kulisse des «Galilei» zu spielen, denn so konnte am aktuellen Beispiel Oppenheimers die Erbsünde des Galilei verdeutlicht werden: der Wissenschaftler hat sich nicht mit dem sozialen Fortschritt verbündet. Wekwerth und Tenschert inszenierten kein Lehrstück, sondern stellten Oppenheimer in den Mittelpunkt ihrer Analyse, «wir nahmen uns die Figur des Oppenheimer selbst als Gegenstand der Kritik vor, wir prüften, wo ihm unsere Sympathien gehören dürfen und wo sein humanistisch-verwaschenes Verhalten die Schärfe des Konflikts eher verdunkelt»[105]. «Der Fall Oppenheimer ist, um es geologisch zu sagen, die Endmoräne des Falles Galilei.»[106] Das richtige Bewußtsein Oppenheimers stand somit auf dem Prüfstand des Theaters. Konsequenterweise verlegte die Inszenierung die programmatisch gemeinte Schlußrede Oppenheimers auf die Vorderbühne, separierte sie von dem Handlungsgeschehen, um so deutlich zu machen, daß hier eine Privatperson an den gesellschaftlichen Verhältnissen gescheitert war.

Durch die Inszenierung wurde auf subtile Weise Kipphardts eigenes Schicksal in seiner Tragweite thematisiert. Die Aufführung funktionierte wie ein Kommentar zu Kipphardt selbst. Der individuelle Anspruch Oppenheimers wird als Versagen in der Gesellschaft interpretiert; das war ein Vorwurf, der aus der Sicht der DDR auch gegen Kipphardt hätte formuliert werden können. In einer Biographie Oppenheimers von Peter Goodchild wird über den Untersuchungsausschuß vermerkt: «Der Ausschuß schien jedoch begriffen zu haben, daß Oppenheimers ‹Illoyalität› sich nicht konkret beweisen ließ. Was aber war sonst an Oppenheimer gefährlich? Gray dachte, die Antwort könnte in dem immer wiederkehrenden Thema der ‹Arroganz des Urteils› liegen – in Oppenheimers Tendenz, in wesentlichen Fragen nach eigenem Befinden zu handeln, anstatt dem Urteil jener zu folgen, denen die grundlegenden Entscheidungen von Amts wegen zustanden.»[107] Die Schuld Oppenheimers liegt demnach auch darin, eine eigene Meinung zu vertreten. Als Kipphardt Ende der fünfziger Jahre in der DDR als ein Revisionist galt, befand er sich in einer vergleichbaren Situation. Auch er nahm sich wie Oppenheimer die Freiheit heraus, «nach eigenem Befinden zu handeln». Kipphardt vermochte nicht, seine politische Überzeugung zu verraten, er verließ das Land.

Ob Kipphardt über solche Zusammenhänge damals in Ost-Berlin nachdachte, ist nicht überliefert. Es ist durchaus möglich. Wichtiger war indessen, daß wenige Jahre nach seinem Weggang aus der DDR eine Ost-Berliner Bühne ein Stück von ihm aufführte. Das war die offizielle

Mit Giorgio Strehler

Rehabilitierung. Kipphardt wurde von der DDR-Gesellschaft nicht länger ausgegrenzt, sondern in der Folgezeit als respektabler Autor mit einem anerkannten moralischen Anliegen verstanden. Natürlich waren die ehemaligen Kontrahenten Kipphardts nicht ausgestorben. Im «Neuen Deutschland» war anläßlich der Premiere des *Oppenheimer* zu lesen: «Heinar Kipphardt hat vor Jahren ästhetische Probleme der sozialistischen Kulturpolitik für sich nicht zu lösen vermocht und sich auf die Position des linksliberalen Intellektuellen zurückgezogen. Er verließ unseren Staat wieder, in den er aus Westdeutschland gekommen war. Dessen ungeachtet ist es richtig, sein Stück hier zu spielen: als aufrichtigen Beitrag eines progressiven Theaterautors zu einer der brennendsten Fragen unserer Zeit.»[108] Nach der Premiere am Berliner Ensemble stand Heinar Kipphardt mit den Schauspielern und den Regisseuren gemeinsam auf der Bühne und verbeugte sich vor dem Publikum, das ihn mit langanhaltendem Beifall bedachte.

Revolte

Mitte der sechziger Jahre hatte sich Kipphardt auch in der Bundesrepublik beruflich durchgesetzt. Er galt als erfolgreicher Autor von Dokumentarstücken und konnte nunmehr als freier Schriftsteller existieren. Auch seine privaten Lebensverhältnisse hatten sich neu geordnet.

1965 erwarben Pia und Heinar Kipphardt ein Grundstück bei Erding, in der winzigen Ortschaft Angelsbruck. Es war eine alte Wassermühle an einem kleinen Fluß mit Wohnhaus. Die Landschaft nordöstlich von München beginnt hier leicht hügelig zu werden, sie hat Kipphardt an seine schlesische Heimat erinnert. Das Haus am Altwasser in Krefeld hatte ein ähnliches Ambiente. Zunächst wurde nur die Mühle renoviert, sie konnte als Wochenendaufenthalt und Feriendomizil genutzt werden. 1966, kurz nachdem der Sohn Franz geboren war, verbrachte die Familie die ersten Ferien in Angelsbruck. Der zweite Sohn Moritz kam drei Jahre später zur Welt. Die Angelsbrucker Eindrücke hat Kipphardt in vielen Gedichten, von denen einige Pia gewidmet sind festgehalten.

> *Dezembermond (für die Pia)*
> *Der Mond, enormer Ballon*
> *steigt schnell durch die Zweige*
> *verkleinert sich langsam im Aufstieg*
> *Hinter das Schwarzstoppelfeld*
> *fällt er blutend und schnell*[109]

Im Frühjahr 1966 machten die Kipphardts eine Reise nach Israel. Ihn interessierte Adolf Eichmann. In Jerusalem sprach Kipphardt mit Augenzeugen, die den Eichmann-Prozeß verfolgt hatten. Schon in seinem Stück *Joel Brand* hatte er der Person Adolf Eichmanns große Aufmerksamkeit geschenkt. Farbig differenziert wurde er dargestellt, als ein Mann, der aus Pflichtgefühl gute Arbeit leistet, in seinem Fall: Juden zu sammeln und in Konzentrationslager zu schicken. Gegen Eichmann blieben die anderen Charaktere des Stückes eher blaß. Kipphardt dachte an ein neues Stück mit Eichmann als Hauptperson. Er wollte die *Eichmann-Haltung* ergründen. Er beabsichtigte, ein Stück zu schreiben, das sich nicht lediglich mit der historischen Person Eichmanns beschäftigte, son-

Mit dem Sohn Franz, 1967

dern darüber hinaus einen sozialpsychologischen Zusammenhang aufzeigen sollte. *Ich arbeite seit einiger Zeit an einem Stoff, der von faktischem Material ausgeht, mit Figuren aus der jüngsten Vergangenheit, Figuren wie Eichmann, und ich beschreibe die Fortsetzung der Eichmann-Haltung in unserer politischen Gegenwart.* Das Eichmann-Drama *behandelt den widerspruchsvollen Satz, daß der Mensch einerseits das Objekt der Fremd- und Individualgeschichte ist, die er andererseits selbst macht. Konkret formuliert: Wäre ich in ähnlicher Lage wie Eichmann unter ähnlichen Umständen aufgewachsen wäre ich Eichmann geworden? Wenn ja, warum? Wenn nein, warum nicht?*[110] Kipphardt ging es um die aktuelle Bedeutung der *Eichmann-Haltung.* Später hat er sie als bürgerliche Haltung schlechthin definiert. Doch vorerst wurde das Projekt zurückgestellt.

Damals schrieb Kipphardt noch einmal eine Komödie, mit dem Titel *Die Nacht, in der der Chef geschlachtet wurde.* Ursprünglich lautete der Titel *Tutta la familia,* dann verwendete Kipphardt die Arbeitstitel *TIK TARG* und *Lisboa an 10 Uhr 50.* Er arbeitete an dem Stück während eines Italien-Aufenthalts. Im Mai 1967 wurde es am Württembergischen Staatstheater Stuttgart uraufgeführt. Regie führte der Brecht-Schüler Peter Palitzsch, der früher neben Benno Besson und Manfred Wekwerth

Mitarbeiter am Berliner Ensemble gewesen war. Seit 1966 arbeitete Palitzsch als Schauspieldirektor in Stuttgart.

Die Komödie spielt im Schlafzimmer des Bankangestellten Bucksch, der im bürgerlichen Berufsleben nicht vorwärtskommt. Nachts lernt er Flugpläne auswendig, streitet mit seiner unzufriedenen Frau und agiert seine unerfüllten Wünsche in wilden Träumen aus. Kleinbürger Bucksch wird im Traum zum Diktator, mordet und herrscht nach Herzenslust. Kurz, er entschädigt sich im Traum für all das, was ihm die Realität verweigert. *Das Stück beschreibt den Verlauf einer Nacht in einer kleinbürgerlichen Familie. Und es arbeitet nicht mit einer geschlossenen Fabel – wenn Sie wollen –, sondern arbeitet mit vier Realszenen. Da versuche ich das Leben einer kleinbürgerlichen Familie zu beschreiben und das scheinbare Leben, das sich da so äußert in der Prosa des Alltags mit Vorurteil, Fehlurteil und mit Verhaltensweisen. Und ich stelle dagegen in drei großen Traumszenen die Entwürfe und Vorstellungen, die die Hauptfigur von sich macht. – Phantastische Szenen sind das. Und meine Absicht ist es, in diesen Traumszenen das wirkliche Leben dieser Leute zu beschreiben, ihre schlafenden Autoritätsgefühle, ihre schlafenden Aggressionen, ihre Endpunkte von Fehlurteilen oder Fehlhaltungen, die man nicht bemerkt.* Kipphardt wollte mit seinem Stück *eine Haltung* von *Menschen der Mittelklasse in unserer Bundesrepublik*[111] zeigen. Die Träume des Kleinbürgers Bucksch lassen erkennen, wozu er auch im wachen Zustand fähig sein könnte, und der Nationalsozialismus hatte in der Tat die *schlafenden Aggressionen* der Kleinbürger organisiert und für sein politisches Wahnsystem nutzbar gemacht.

Die Stuttgarter Uraufführung wurde dennoch ein Mißerfolg. Die Alpträume, Verdrängungen und Verkrüppelungen des Kleinbürgers sind mit Hilfe der Komödie schwer darstellbar. Der ernste psycho-soziale Hintergrund kleinbürgerlicher Angstvisionen entzieht sich der satirischen Darstellung, das Stück geriet in die Nähe abgegriffener Klischees. Über den Titelhelden Bucksch schrieb Hellmuth Karasek anläßlich der Uraufführung: «Im aufgestörten Unterbewußten des Oskar Bucksch findet in dreifacher Variation ein Stück statt, das in der Realität ‹Arturo Ui› heißen könnte. Insofern steht die Komödie folgerichtig als komödiantische Fingerübung zwischen dem ‹Joel-Brand›-Stück und dem geplanten Eichmann-Schauspiel: Bucksch ist als eine Art Eichmann angelegt, den demokratische Zeitläufe noch an ein bürgerliches Leben fesseln.»[112] 1979 sendete das ZDF eine Fernsehfassung. Vojtek Jasny, der zuvor sensibel *Leben des schizophrenen Dichters Alexander März* von Kipphardt in Bilder umgesetzt hatte, führte wieder Regie. Kipphardts Freund Heinz Schubert spielte den Bucksch. Er war prädestiniert für die Rolle des wildgewordenen Kleinbürgers, als «Ekel Alfred» war Schubert in der erfolgreichen Familienserie «Ein Herz und eine Seele» aufgetreten und den Fernsehzuschauern bekannt.

Margit Homeyer und Heinz Schubert im Film «Die Nacht, in der der Chef geschlachtet wurde»

Obwohl das Düsseldorfer Schauspielhaus Anfang der sechziger Jahre Kipphardt beauftragt hatte, ein Stück zu schreiben, wurde es damals dort nicht aufgeführt. 1968 kam es dann doch noch zu einer Zusammenarbeit mit der Düsseldorfer Bühne. Karl-Heinz Stroux eröffnete die Spielzeit mit Kipphardts Bearbeitung von J. M. R. Lenz' *Die Soldaten*. 1774/75 schrieb Lenz als Vierundzwanzigjähriger den an Shakespeare orientierten Szenenablauf. Lenz gilt als Vorläufer des realistisch-epischen Theaters, und schon Brecht und Hacks hatten versucht, ihm neue Popularität zu verschaffen. Während seines Studiums hatte sich Kipphardt mit den Autoren, die ein realistisches Theater in Deutschland begründeten, beschäftigt. *Der Verfasser hält «Die Soldaten» von J. M. R. Lenz für eines der Schlüsselstücke des deutschen Dramas. Seine Spuren führen über Büchner, Grabbe, Wedekind, Brecht, Horváth in das zeitgenössische deutsche Drama. Obgleich eines der folgenreichsten Stücke, blieb es eines der unbekanntesten.*[113] Das Stück spielt im französischen Flandern. Die Tochter eines Galanteriewarenhändlers wird durch den Ehrgeiz des Vaters, der sie verheiraten will, und die Skrupellosigkeit eines Offiziers zur Hure. Das Sturm-und-Drang-Stück bringt den Standes-Konflikt zwischen Bürgertum und Feudaladel auf die Bühne. Bei der Bearbeitung ging es Kipphardt nicht darum, das Stück neu zu deuten, so wie Brecht dies beim «Hofmeister» und Hacks in der Bearbeitung der «Kindsmörderin» von Lenz getan hatten. Kipphardts Absicht war es, *die Schönheiten des alten Stückes zur Geltung zu bringen, verdeckte Schönheiten sichtbar zu machen und gleichzeitig die Schwächen und Unschärfen der Vorlage zu beseitigen*[114]. Trotz Respekts vor dem Original hatte seine Bearbeitung zur Folge, daß Widersprüche und Ungereimtheiten der Handlung und der Figuren zugunsten eines linearen Erklärungsschemas zurückgedrängt wurden. Die aufklärerischen Züge des Dramas wurden von Kipphardt herausgearbeitet. Erhalten blieb dem Drama der modern anmutende iro-

Kipphardts «Soldaten»-Bearbeitung, Düsseldorfer Schauspielhaus

nische Unterton. Der Uraufführung in Düsseldorf unter der Regie von Jean-Pierre Ponnelle folgte 1971 eine Aufführung an den Münchener Kammerspielen, wo Kipphardt zusammen mit Carl M. Weber inszenierte. Es war eines der wenigen Male, daß Kipphardt selbst mit Regie führte. Prinzipiell hielt er sich für zu ungeduldig für diese Arbeit, indessen verfolgte er regelmäßig die Regiearbeiten an seinen Stücken. Als an den Kammerspielen *Die Soldaten* gespielt wurden, war Kipphardt schon Chefdramaturg dieses Theaters.

Die Münchener Kammerspiele waren seit ihrer Gründung 1908 eine der wichtigsten Bühnen Deutschlands. Ihr Intendant war Otto Falckenberg. 1926 zogen die Kammerspiele von Schwabing in ein Jugendstilgebäude in der Maximilianstraße. Nach dem Zweiten Weltkrieg gehörten sie zu den wenigen westdeutschen Bühnen, die trotz des Kalten Kriegs Brecht-Stücke spielten. Das entsprach dem liberalen Selbstverständnis Hans Schweikarts, der die Kammerspiele von 1947 bis 1963 leitete, bevor August Everding Intendant wurde. Brecht inszenierte dort 1950 seine «Mutter Courage», die Kammerspiele waren das «literarische Kaffeehaus Münchens», wie es Schweikart formuliert haben soll, «durchweht vom freien Geist Wedekinds und Falckenbergs». Auch Peter Stein inszenierte Ende der sechziger Jahre dort seine ersten Stücke, bevor er das Ensemble der Berliner Schaubühne gründete.

Am 1. Januar 1970 wurde Kipphardt an den Münchener Kammerspielen Chefdramaturg. Er löste Ivan Nagel ab, der als Theaterkritiker zur «Süddeutschen Zeitung» wechselte. Damals war die Politisierung des Theaters auf ihrem Höhepunkt. Im Mai 1968 wurden an zwanzig deutschen Theatern die Vorstellungen unterbrochen oder abgebrochen. Die Demonstranten forderten in den Theatern Diskussionen über die Notstandsgesetze, die in demselben Monat vom Bundestag mit großer Mehrheit verabschiedet worden waren, und über den Vietnam-Krieg. Bewußt wurden die Spielregeln der theatralischen Kunstausübung verletzt, und es kam zu mannigfachen Konflikten zwischen Theaterleitungen und Ensembles, die sich oft mit den politischen Forderungen der Demonstranten solidarisierten. Und es kam zu Auseinandersetzungen zwischen den Theatern und den Politikern, die solche prinzipielle Kritik nicht dulden wollten.

Ende der sechziger Jahre wurde von allen politisch engagierten Künstlern dem Theater eine zentrale gesellschaftspolitische Bedeutung beigemessen. Für Kipphardt war dies wichtig, denn mit seiner neuen Aufgabe an den Kammerspielen hatte er wieder eine Bühne, um politisch wirken zu können. Seit seinem Weggang vom Deutschen Theater in Ost-Berlin fehlte dieses Betätigungsfeld, und Kipphardt hatte es vermißt. Peter Weiss, ein Autor, den Kipphardt immer sehr geschätzt hat, schrieb damals ein Vietnam-Stück. Die genaue Bezeichnung lautete: «Diskurs über die Vorgeschichte und den Verlauf des langandauernden Befreiungskrie-

Mit Peter Weiss

ges in Vietnam als Beispiel für die Notwendigkeit des bewaffneten Kampfes der Unterdrückten gegen ihre Unterdrücker sowie über die Versuche der Vereinigten Staaten von Amerika, die Grundlagen der Revolution zu vernichten». Der Titel war programmatisch gemeint. Nach der Aufführung gingen die Schauspieler ins Foyer, um für den Vietcong Geld zu sammeln. Politik und Theater waren nicht mehr auseinanderzuhalten. Die politische Landschaft und auch das kulturelle Umfeld polarisierten sich mehr und mehr. Hans Magnus Enzensberger hatte mit untrüglichem Gespür im «Kursbuch» die Literatur für tot erklärt. Von nun an mußte sich ein literarisches Produkt gesellschaftspolitisch legitimieren. Neben der Dokumentarliteratur, etwa den «Bottroper Protokollen» von Erika Runge oder den Reportagen von Günter Wallraff, schien das Theater am ehesten diesem Anspruch zu genügen.

Heinar Kipphardt gehörte allerdings nicht zu jenen, die auf Grund des politischen Anspruchs ästhetische Fragestellungen ignorierten. Beides gehörte bei ihm untrennbar zusammen. Als Chefdramaturg konnte er auch wieder als Mentor fungieren. In einem Bericht der «Frankfurter

95

Franz Xaver Kroetz

Rundschau» stand zu lesen: «Er versteht sich vor allem als Anreger, der brachliegende Talente, formale und thematische Felder aktivieren will. Nur in diesem Sinne läßt er die Vokabel Konzeption gelten: ‹Die augenblickliche Reaktion des Theaters auf bedrängende Fragen der Gegenwart ist zu gering› – da will er Abhilfe schaffen. Kein Motto, keine Beschränkung auf wenige Genres, Inhalte, Spielarten. Statt dessen: Unbeschriebenes Gelände der gesellschaftlichen Wirklichkeit theaterreif machen; wobei er Gesellschaft konkret als den ‹organisatorischen Überbau unter bestimmten ökonomischen Bedingungen› definiert. Das Beispiel für Kipphardts Absichten: Probleme, die den Arbeiter betreffen, seinen Integrationsprozeß in den späten Kapitalismus, seine Verwandlung vom Arbeiter in den Angestellten, die Verinnerlichung von Herrschaft und Abhängigkeit – sie fehlen heute alle weiterhin auf den weltbedeutenden Brettern.»[115]

Heinar Kipphardt ermöglichte vor allem die Aufführung der ersten realistischen, der Volkstheater-Tradition Marieluise Fleissers und Ödön von Horváths verbundenen Stücke des Franz Xaver Kroetz. Noch 1969 hatte dieser den Bauernschwank «Hilfe, ich werde geheiratet» geschrieben.[116] Nun hatten 1971 an den Kammerspielen zwei gesellschaftskritische Kroetz-Stücke unter der Regie von Horst Siede ihre Uraufführung: «Heimarbeit», in dem ein zur Heimarbeit degradierter Mann das uneheliche Kind seiner Frau Martha ertränkt, weil es das Zusammenleben stört, und «Hartnäckig», die Geschichte des beinamputierten Helmut, der – von den Eltern enterbt und von der Freundin verlassen – aus Verzweiflung fast zum Mörder seines jüngeren Bruders wird. Die Premiere war von Tumulten begleitet, mit denen gegen das «Agitproptheater» und den «Porno-Dreck» auf der Bühne protestiert werden sollte.

Heinar Kipphardt hatte die Absicht, das Stück «Der Dra-Dra» von Wolf Biermann aufführen zu lassen. Intendant Everding soll von dem Vorhaben nicht sonderlich begeistert gewesen sein. Biermann, den Kipphardt besonders wegen seiner Lyrik schätzte, hatte das Drama «Der Drache» des russischen Satirikers Jewgenij Schwarz bearbeitet. Das 1944 geschriebene Stück gegen Hitler war in der Sowjet-Union verboten worden, weil man es als allegorische Darstellung Stalins hätte verstehen können. Erst 1962 erlebte es seine wirkliche Premiere, denn 1944 wurde das Stück nach einer einzigen Nachmittagsvorstellung wieder vom Spielplan abgesetzt.

In Biermanns Bearbeitung gelingt es dem Drachentöter mit Hilfe verschiedener Tiere, den Drachen zu töten. Sein Sieg ist nicht von Dauer, da mit dem Tod des Drachens die Revolution für beendet erklärt wird. Als der Drache wieder zum Leben erweckt wird, weiß der Drachentöter, daß eine Revolution nur siegreich sein kann, wenn auch die korrupten Helfer des Drachens vernichtet werden.

Wolf Biermann lebte 1970 noch in der DDR. Kipphardt ging es gar nicht so sehr um eine inhaltliche Bewertung des Stücks, ihm schien wichtig, daß ein Autor, der in der DDR nicht gespielt wurde, wenigstens in der Bundesrepublik aufgeführt würde. Allerdings wäre «Der Dra-Dra», gegen die Verhältnisse in der DDR inszeniert, in München von wenig Bedeutung gewesen, deshalb wurde das Stück auf die bundesrepublikanische Situation hin interpretiert. Unter der Regie von Hansgünter Heyme kam «Die große Drachentöterschau in acht Akten mit Musik» im April 1971 auf die Bühne. Der Skandal, der dann folgte, es war der größte Theaterskandal in der bisherigen Geschichte der Bundesrepublik, hatte weniger mit der Aufführung als mit dem Programmheft zu tun. Auf zwei Seiten des Programmhefts sollten 24 Persönlichkeiten der Politik und der Wirtschaft abgebildet werden, als aktuelle Beispiele für die «Drachenbrut». Die Abbildungen erschienen zwar nicht, die betreffenden Seiten des Programmhefts blieben leer, doch war der Skandal perfekt.

Insbesondere der damalige Münchener Oberbürgermeister Hans-Jochen Vogel fühlte sich unmittelbar angegriffen. «Vielleicht war es ja keine

Kammerspiele München

so besonders tolle Idee, sie war auch nicht (was heute niemand mehr weiß) von Kipphardt, sondern von einem anderen Dramaturgen der Kammerspiele. Die beiden Seiten sind auch nie erschienen – trotzdem wurden sie das Ende von Kipphardts Münchener Theaterkarriere. Am erfolgreichen Abschluß beteiligt: ein charakterschwacher Intendant (August Everding), ein schwatzhafter Schriftsteller (Günter Grass) und ein in dieser Situation auch nicht gerade überragend intelligenter Hans-Jochen Vogel, der allen Ernstes zum besten gab: ‹Es ist der Stadt nicht zuzumuten, einen Mann zu beschäftigen, der zur Ermordung des Oberbürgermeisters auffordert.›»[117] Vor allem Günter Grass, der damals wie die Kollegen Dieter Lattmann, Siegfried Lenz und Thaddäus Troll Wahlhilfe für die Sozialdemokraten betrieb und alles, was sich links von dieser Position abspielte, nicht ohne Haß kommentierte, ereiferte sich gegen Kipphardt. Alles roch nach Intrige, denn die beanstandeten Seiten des Programmhefts waren ja gar nicht veröffentlicht, es mußte also jemand die Politiker über die Vorgänge an den Kammerspielen unterrichtet haben. Kipphardt hatte die Seiten mit den Dra-Dras weder erfunden noch als presserechtlich Verantwortlicher gebilligt. Aber darum ging es offensichtlich auch gar nicht mehr: Hier wurde ein Exempel statuiert.

Ende der sechziger Jahre war es der Sozialdemokratie nicht gelungen, das Utopie- und Kritikpotential der Republik zu subsumieren. Eine radikale Linksopposition war entstanden, die sich auf Marx berief. Eben diesen Linksintellektuellen wurde nun vorgeworfen, sie seien mit ihren Vorstellungen Wegbereiter des Terrors. Die Auseinandersetzung um den Terrorismus beherrschte die Innenpolitik. Schon einige Jahre vorher war die Polarisierung unter den Künstlern für aufmerksame Beobachter sichtbar. Über seinen Kollegen Günter Grass hatte Kipphardt bereits 1966 ein bissiges Gedicht verfaßt. Denn nichts konnte ihn mehr aufregen als Illustriertenplatitüden von Literaten im Dienste der Sozialdemokraten.

Als Gast bei der Bundeswehr

Mein Kollege Günter Grass
der hat in einem Starfighter gesessen
im Cockpit, auf dem Boden
von Associated Press fotografiert.
«die Antworten der Piloten
waren farbig und widerspruchsvoll.»
Das hat ihn sehr beruhigt
und mich
und die Bildzeitung.
Mein Kollege Günter Grass
der hat die 4. Luftwaffendivision inspiziert,
der Realist,
wie Helmut Schmidt
und Heinrich Lübke
und unser Kai-Uwe von Hassel.
Das hat ihm viel Mut gemacht
und mir
und unserem neuen Nationalgefühl.
Da wird an seiner Tür nicht mehr gezündelt werden.[118]

Günter Grass warf nun Kipphardt in einer Kolumne der «Süddeutschen Zeitung» vor, er billige eine Abschußliste, und ortete Kipphardt zwischen Joseph Goebbels und Eduard von Schnitzler. Er zog das Fazit: «Es gilt, das politische Klima dieser Tage zu benennen und gleichzeitig zu begreifen, daß sich die Ungeheuerlichkeiten durch Zellenteilung vermehren.»[119]

Schützenhilfe bekam Grass von dem Berliner Politologen Arnulf Baring, der wie Grass Mitglied der SPD-Wählerinitiative war. Barings Äußerungen sind ein frühes Beispiel, mit welchen Begründungen gegen linke Autoren vorgegangen wurde. Unzulässigerweise wird eine sprachliche Äußerung mit der Tat gleichgesetzt. Die entscheidende Differenz zwischen verbaler Darlegung der Gewaltproblematik und wirklicher Tat wurde schlichtweg geleugnet. Diese Denkfigur führte zu dem berüchtigten Paragraphen 88a des Strafgesetzbuchs und zur Überprüfung der demokratischen Gesinnung bei Beamten bis hin zum einfachen Briefträger. «Auf sich beruhen lassen durfte man Kipphardts Abschußliste jedenfalls nicht. Irgend jemand mußte sich mit den politischen Methoden Kipphardts und seiner Kollegen auseinandersetzen, ehe sie weiter Schule machen, mußte klar die Grenze ziehen zwischen Meinungsfreiheit und Gewaltkult... Rechts wie links werden Gegner zu Feinden verteufelt, wird Mord – verbal verklausuliert – als Ausweg, als Rettung plausibel gemacht.»[120] Baring stellte Kipphardts freiheitlich-demokratische Einstellung zur Disposition, eine dann später gängige Praxis der Diskriminierung im politischen Leben der Bundesrepublik. Sogar Heinrich Böll und Jean-Paul Sartre, die damals versuchten, die Beweggründe der Terroristen zu verstehen, wurden allein deshalb heftig attackiert. Das Verstehenwollen reichte schon aus, um sie als Wegbereiter des Terrorismus abzustempeln. Bei Kipphardt, der praktisch-poltische Arbeit am Theater leistete, war die Situation noch weitaus komplizierter, denn durch seine Theaterarbeit fühlten sich Politiker ganz unmittelbar bedroht, wie die Reaktion Hans-Jochen Vogels zeigt.

Vor der Affäre bei den Kammerspielen hatte Kipphardt von sich aus formal gekündigt. Damit wollte er Verbesserungen seines Vertrags durchsetzen. Die Stadt München verlängerte den gekündigten Vertrag nicht und wurde so den unliebsamen Chefdramaturgen los, obwohl jeder wußte, daß es sich um ein Politikum handelte. Ende November klagte Kipphardt beim Bühnenschiedsgericht in München. In einer umfangreichen Klageerwiderung wurde er abschlägig beschieden. Formaljuristisch waren die Fakten eindeutig, Kipphardt hatte seine Stellung selbst in Frage gestellt. Die politischen Implikationen erkannte das Gericht für seine Beurteilung nicht an. Unter Punkt III findet sich die lapidare Bemerkung: «Was Außenstehende, insbesondere auch Herr Günter Grass zum Fall des Klägers meinen, ist für die Entscheidung dieses Rechtsstreits unerheblich.» Kipphardts großes Thema, das Auseinanderklaffen von formaljuristischen Entscheidungen und den wirklichen sozialen Verhältnissen, das Auseinanderklaffen von Macht und Moral, hatte ihn selbst unmittelbar eingeholt.

Somit war juristisch bestätigt, daß Kipphardts Vertrag als Chefdramaturg am 31. August 1971 ausgelaufen war. *Der Hintergrund der Sache war wohl ein funktionierendes Theater, die Kammerspiele, das sich stark politi-*

Günter Grass

Politisches Tagebuch

Abschußlisten

Nur Theater? Oder vorerst noch Theater? Auch in gescheiten Köpfen, desgleichen in solchen, in denen es kunstsinnig und ästhetisch verfeinert zugeht, kann der Irrsinn Volten schlagen, kann Dummheit Quartier beziehen. Hier muß die Rede sein von einem Programmheft, in dem zwei leere Seiten eine Abschußliste aussparen.

Vor wenigen Tagen noch bemühten sich viele in Schleswig-Holstein darum, der christdemokratischen Rufmordkampagne gegen Jochen Steffen die Wirkung zu nehmen. Siegfried Lenz und ich zogen von Wahlkreis zu Wahlkreis. Überall fanden sich Bürger, die gegen Springers Haßtiraden

unter die Hexenjäger gegangen. Auch wenn er sich maßgeschneidert links gibt, scheint er bei der „Aktion Widerstand" Beispielhaftes gefunden zu haben: Er arbeitet mit Abschußlisten, er reiht in Paßphotoformat Bildchen neben Bildchen und sagt — das sind sie. Die üble Mordparole der Rechtsradikalen „Scheel und Brandt an die Wand!" findet in Leuten Epigonen, denen üblicherweise Moral die Stimme salbt. (Soll man es linke Dummheit oder dumme Linkheit nennen? Nein: nur dumm und gemeingefährlich.)

Kipphardt benutzt Wolf Biermann und dessen Theaterparabel „Der Dra-Dra". Biermann, in Ostberlin isoliert, als Sänger mit Auf-

Stellen komplizierter Machtgefüge bloßzulegen; doch gewiß hat der Ostberliner Autor als jemand, der seit Jahren auf der Abschußliste seiner heimischen Alt- und Neustalinisten steht, nicht vorgehabt, mit seinem Stück im Westen Abschußlisten zu inspirieren. — Kipphardt war so frei.

Im Programmheft sollte aufgereiht werden, wer in der Bundesrepublik Rang und Namen hat. Wirtschaftsbosse und hochkarätige Steuerhinterzieher, der Bankier neben dem Kirchenfürsten. Viele der Angeführten sind meine politischen Gegner. Und einige dieser politischen Gegner, wie Axel Cäsar Springer, behandeln Gegner wie Feinde. Solcher Methode bedient sich nun, als dürfe solche Methode von rechts nach links übertragen werden, der Schriftsteller und Theaterdramaturg Kipphardt. Er beweist, daß sich linksradikale Attitüden zu extrem rechtem Verhalten spiegelverkehrt verstehen. (Unerheblich, ob in diesem Fall, ob in anderen Fällen Nationalsozialismus oder Stalinismus das Unterbewußtsein der Hexenjäger füttert.)

Jetzt erst, nachdem mich Kipphardt gezwungen hat, meine politischen, auf seiner Abschußliste geführten Gegner — ob sie Strauß, Springer oder Löwenthal heißen — gegen erbärmliche Niedertracht in Schutz zu nehmen, muß gesagt werden, daß außer Kardinal Döpfner und der Verlegerin Anneliese Friedmann, außer Karl Schiller auch Münchens Oberbürgermeister Hans-Jochen Vogel bei Kipphardt angezeigt ist. Denn

Kolumne in der «Süddeutschen Zeitung»

siert und viele Leute angezogen hatte, die da mit mir arbeiteten. Es war eine Arbeit, die mir und anderen Spaß machte. Der Hintergrund war wohl, daß man so eine Sorte von Theater in den Auseinandersetzungen der SPD in München und vielleicht in der ganzen Bundesrepublik nicht wollte, denke ich.[121] Auf dem Höhepunkt der Auseinandersetzungen fanden externe Versammlungen statt, die außerhalb der Kammerspiele veranstaltet werden mußten, auf denen die Situation des Theaters diskutiert wurde. In ihnen ging es um den künstlerischen Bestand der Bühne. Mit Kipphardt verließen alle Regisseure und die Mehrzahl der Schauspieler die Kammerspiele; jetzt war das Ensemble zerschlagen. Auch wurde mit der Weigerung des Kulturausschusses im Münchener Stadtrat, den Vertrag Kipphardts zu verlängern, obwohl Intendant Everding sich für ihn einsetzte, die Kompetenz des Intendanten in Frage gestellt. Die Politiker der Stadt übten Zensur aus, das war der prinzipielle Skandal. «Die eigentlichen

101

Heinar Kipphardt, Anfang der siebziger Jahre

Ursachen der Krise liegen in der juristischen Konstruktion des Theaters bei mangelnder Kompetenz des Intendanten.»[122] Die künstlerische Autonomie des Theaters wurde durch die städtische Personalentscheidung aufgehoben. Zwar gelang es Everding nach der Kündigung Kipphardts, die schlimmsten Folgen für das Theater abzuwenden, es wurde mit viel Improvisation weitergespielt, doch verließ auch er ein Jahr später die Kammerspiele und ging an die Staatsoper nach Hamburg.

Für Kipphardt und für den politisch engagierten Teil des Theaters bedeutete die Affäre eine große Ernüchterung. Sie mußten erfahren, wie wenig politischer Einfluß der Kulturarbeit in der Bundesrepublik real zukam. Das öffentliche Interesse am Fall Kipphardt erlahmte mit der Zeit, das Theater konsolidierte sich; zurück blieb ein Gefühl der Ohnmacht. Die Vorstellung vom Theater als Wegbereiter gesellschaftlicher Prozesse hatte sich als Illusion erwiesen.

Angelsbruck

Die Kammerspiel-Affäre hatte Kipphardt tief verletzt, wahrscheinlich mehr, als er sich selbst zunächst eingestehen mochte. Er wollte von nun an nicht mehr fest für ein Theater arbeiten, sondern als freier Schriftsteller leben. *Ich habe mir nie vorstellen können, daß ich, mit dem Theater so tief verbunden, mich so weit von ihm entfernen könnte.*[123] *Es ist mittlerweile gelungen, daß das Theater nicht von den wirklich Produzierenden bestimmt ist, sondern von den Abwieglern, den Intendanten. Überall ist das Rollback zum bürgerlichen Repräsentationstheater im vollen Gang.*[124] Kipphardt war jetzt nicht mehr an ein Theater gebunden, die Familie entschloß sich, nach Angelsbruck zu ziehen. Im Frühjahr 1972 war das Bauernhaus, das zur Mühle gehörte, umgebaut und bezugsfertig. Eine stattliche Familie schickte sich an, auf dem Land heimisch zu werden. 1971 hatten Pia und Heinar Kipphardt geheiratet. Die Söhne Franz und Moritz waren inzwischen sechs und drei Jahre alt. Bella, Pias Tochter aus erster Ehe, zog ebenfalls mit nach Angelsbruck. Nachdem Kipphardts Vater die Krefelder Zahnarztpraxis aus Altersgründen aufgegeben hatte, zogen die Eltern nach Dürrnhaar bei München, um in der Nähe des Sohnes zu sein. Der Vater blieb ein engagierter Kritiker von Kipphardts Arbeiten, die ambivalente Gefühlshaltung Kipphardts ihm gegenüber änderte sich nicht.

Seit Anfang der siebziger Jahre hatte Kipphardt an einem Stück mit dem Arbeitstitel *Warten auf den Guerillero?* geschrieben. Es blieb Fragment und ist nie veröffentlicht worden. Das Stück handelt von den Tupamaros in Uruguay und wollte die Möglichkeiten einer Revolution ausloten. *Das Stück beschäftigt sich mit Revolutionären, einer Sorte von Leuten also, die nicht daran zweifeln, daß diese sehr gewalttätige Welt verändert werden muß und daß sie nur auf revolutionäre Weise erträglich gemacht werden kann. Für wenigstens zwei Drittel der Weltbevölkerung ist der gegenwärtige Zustand unerträglich, für den größeren Teil der Welt nämlich, der von der neuen Sorte von Kolonialismus, dem Geschäftskolonialismus der Industriemetropolen, ausgeplündert wird... Der Gewalt der Militärapparate und der Wirtschaftsapparate gegenüber müssen von den Revolutionären in der Praxis Methoden entwickelt werden, das Übermaß an konterrevolutionärer Gewalt zu unterlaufen.*[125] Kipphardt schrieb das Stück

Die Mühle in Angelsbruck

nicht zu Ende. Er konnte sich nicht mehr vorstellen, daß die *Tupamaros* an einer westdeutschen Bühne gespielt werden würden.

Statt dessen beschäftigte er sich intensiv mit dem Gegenbild des Revolutionärs, dem psychisch Kranken, der sich gesellschaftlichen Zwängen nicht zu entziehen weiß und auch die Kraft nicht aufbringt, die Gesellschaft zu verändern, und deshalb zum Opfer wird. Dieses Interesse entsprach auch der realen Situation, in der sich Kipphardt befand. Nach seiner Kündigung am Deutschen Theater in Ost-Berlin und seiner Umsiedlung in die Bundesrepublik war die Kammerspiel-Affäre ein zweites Ereignis, das sein politisches Selbstverständnis in Frage stellen mußte. Fast zwei Jahre lang entstand kein fertiges Theaterstück oder Buch. Kipphardt orientierte sich neu; er begann seine eigene Lebensgeschichte zu erforschen. Doch war dies kein Rückzug in den Elfenbeinturm, wie es ihm später Kritiker vorwarfen. Kipphardt beschäftigte sich mit seiner subjektiven Geschichte, um Material für die literarische Arbeit zur Verfügung zu haben.

Heinar Kipphardt arbeitete an der fiktiven Biographie des schizophrenen Dichters Alexander März. Er hatte die Gedichte von Ernst Herbeck gelesen, die der Psychiater Leo Navratil veröffentlicht hatte.[126] In den Gedichten Herbecks, der im Niederösterreichischen Landeskrankenhaus für Psychiatrie und Neurologie Klosterneuburg lebt, entdeckte Kipphardt eine große Nähe zu eigenen Empfindungen. Die Beschäftigung mit seiner Lyrik führte zu dem Zyklus der *März-Gedichte*. Darüber hinaus beschrieb Kipphardt den fiktiven Lebensweg des Alexander März. Neben den von Navratil mitgeteilten biographischen Daten des Patienten Herbeck benutzte Kipphardt Daten seiner eigenen Biographie. *Ich könnte ihn (März) nicht geschrieben haben, wenn er nicht in mir wäre. Im Roman habe ich seine Kinderzeit in mein Heimatdorf verlegt – Oberpeilau in Schlesien. Auch Details, Nebenfiguren fand ich dort. Uns beiden eignet sicher ein von mir früher nicht erkanntes, aber doch erlebtes Außenseitertum. Mit dem Unterschied, daß ich immer derjenige war, der die anderen zu Opfern machen wollte. Da mußte ich umdenken bei März, der selber Opfer ist.*[127] Mit Alexander März entsteht eine literarische Mischfigur, mit der sich Kipphardt jahrelang auseinandersetzt. Er lebt mit dieser Figur, gestaltet sie aus, entwickelt sie weiter. In *März* kann Kipphardt sich selbst und die gesellschaftlichen Verhältnisse in der Bundesrepublik reflektieren und auch Zusammenhänge zwischen psychischer Krankheit und Künstlertum beschreiben. *Mich interessiert diese Geschichte auch als ein*

Das Wohnhaus in Angelsbruck

merkwürdig fremd gemachter Künstler – Künstlerroman, wenn Sie so wollen. Denn dieser März ist für mich eben ein zerstörter produktiver Künstler, der seine Zeit in genauen treffenden Bildern festhält, eine große poetische Substanz hat.[128]

Erst später wird *März* durch eine zweite literarische Figur abgelöst. Mit Heinrich Rapp entwirft Kipphardt die Biographie eines gescheiterten Revolutionärs. *Er starb im Elend. Soll am Ende dieser Niederschrift stehen, dieser sehr mangelhaft zusammengestellten Materialien, diese vier Worte, allein auf einem weißen Blatt in einer Zeile ganz oben. Er starb im Elend.*

*Kipphardt
in seinem
Arbeitsraum
in der Mühle*

Wer? Heinrich Rapp. Wer also?[129] Es sollte die Biographie eines schlesischen Eisenhändlersohns beschrieben werden. 1909 geboren, wird er, nach einer unrühmlichen Schulleistung, Reichsgerichtshofstenograph in Berlin. 1932 tritt er der KPD bei und verläßt in der Nacht des Reichstagsbrandes Berlin, um in Paris in der illegalen KPD mitzuarbeiten. *Anmerkung. Rapp möchte natürlich viel lieber der Sohn einer ledigen Näherin sein, die in die besseren Häuser zum Weißnähen geht, und Heinrich ist immer dabei. Tötet man so seinen Vater in Erinnerungsspielen? Aber der Vater hieß Heinrich wie Heinrich Rapp.*[130] Das Romanfragment hat den

Titel *Rapp, Heinrich. Zergliederung einer Verstörung.* Rapp sollte bis zu seinem Selbstmord 1973 beschrieben werden.

Im *März* werden minuziös subjektive Empfindungen und Gefühle thematisiert. Die darin deutlich werdende schriftstellerische Sensibilität war Kipphardt schon immer eigen, wie seine privaten Briefe und die unveröffentlichten Kriegsgedichte zeigen, aber in seinem publizierten Werk kam sie bisher nur untergründig zur Geltung. In den Satiren wurden Empfindungen und Gefühle karikiert und überzeichnet, und auch in den rational argumentierenden Dokumentarstücken und den publizierten Gedichten aus den fünfziger Jahren kamen sie nicht zum Tragen, sondern waren aufgehoben in einer engagierten Moralkritik. Mit *März* findet Kipphardt zu einem Realismus, der Empfindungen und Gefühle nicht mehr ausgrenzt, sondern in die literarische Gestaltung mit aufnimmt. *Für mich selber gab es in den letzten Jahren folgende Schwierigkeit: Ich mußte einen Weg finden, das nur von außen Gewußte zu überwinden, d. h. ich machte große Anstrengungen, um eine bestimmte Unbefangenheit, eine bestimmte Naivität wieder zu erreichen und auch noch nicht für mich geklärte Fragen anzugehen und nachzugehen, d. h. also, ich hatte lange Zeit, denke ich, ein bißchen vernachlässigt die Beschreibung auch von mir selber von innen her, sondern ich versuchte also das kluge Beschreiben von außen, aber ich denke, Literatur braucht das beides, und also ich hoffe, daß ich da unbefangener und naiver geworden bin.*[131]

Der literarischen Neuorientierung entsprach ein verändertes Selbstverständnis Kipphardts. Auch die Gemeinschaft mit Pia gestattete ihm neue Erfahrungen. *Für die Pia* ein Traumnotat: *Die Liebe neu lernen/und in der Liebe die Welt. Auf weißer Schneefläche 1 + 1 = 2, das Paar, Formel der einfachen Schönheit. Es stehen aber zwei Männer da in schwarzen Turnhosen und mit Boxhandschuhen. Sie stehen nebeneinander wie zum Fotografieren aufgestellt. Es steht dann nur einer da, der andere wie wegkopiert. Jetzt ist auch der verschwunden. Auf der weißen Fläche die Rechnung 1 − 1 = 0, nichts. Ästhetisch gefällt mir das Nichts, fühle aber, daß es mir nicht gefallen sollte.*[132]

Als 1976, nach langem Schweigen, Kipphardts erster Roman *März* erschien, schrieb Elisabeth Endres eine Rezension mit dem Titel: «Heinar Kipphardts Durchbruch»[133]. Das mag nach den großen Theatererfolgen wie *Shakespeare dringend gesucht* und *In der Sache J. Robert Oppenheimer* wie eine absurde Behauptung klingen, doch traf die Formulierung den Sachverhalt. Kipphardt hatte eine innere Realität sichtbar gemacht. Dies war gleichbedeutend mit der Abkehr von einer vornehmlich moralisch begründeten Gesellschaftskritik. Psychologisch genau werden jetzt gesellschaftliche Phänomene analysiert.

Trotz des subjektiven Zugriffs bleibt Kipphardt auch bei seinem ersten Roman der dokumentarischen Arbeitsweise verpflichtet. Er stützt sich auf die verschiedensten Dokumente: Gedichte Herbecks, Statistiken, ei-

Aus dem «März»-Film

gene biographische Notizen, wissenschaftliche Befunde usw. Der Roman ist eine subtile Montage, in der Alexander März aus verschiedenen Perspektiven erfaßt wird: März äußert sich selbst; weitere Patienten, Ärzte, Pfleger kommen zu Wort. Es entsteht ein vielfach gebrochenes Bild. Kipphardt schildert die vorklinische Karriere: Erlebnisse der Kindheit, Schule, Jugend, Pubertät, des Militärs und Arbeitslebens werden mitgeteilt. Dann beschreibt Kipphardt die Stationen der klinischen Karriere bis zu dem Selbstmord von März. Er verbrennt sich in einem Holunderbaum als Gekreuzigter.

Im Text interessiert sich der Arzt Kofler für die Erlöserphantasien des Patienten Alexander März und fragt, was diesen an Jesus Christus interessiere. *«Daß er ein Schizo war.»* *Das Studium des Neuen Testamentes belege hundertfach, der historische Erlöser war ein produktiver Schizophrener, dem zu seiner Passion nur eines gefehlt habe, die wissenschaftliche Psychiatrie. Der kommende Erlöser werde ebenfalls ein produktiver Schizo sein, Dichter und Revolutionär.*[134] Jesus, Dichter, Revolutionäre und psychisch Kranke haben eines gemeinsam: sie verbindet das Verlangen, die als bedrückend empfundene Realität radikal zu verändern, wenn auch mit unterschiedlichen Mitteln und unterschiedlichen Erfolgsaussichten. Der Selbstmord von März erscheint als die logische Konsequenz einer Selbstaufgabe. Sein Mangel an Durchsetzungsvermögen den Mitmenschen gegenüber macht ihn zum Opfer. An März hält sich eine Gesellschaft schadlos, die sich daran gewöhnt hat, Opfer zu produzieren.

Wie schon der Soldat Pfeiffer in *Der Hund des Generals* wird Alexander März Opfer eines sozialen Umfelds. Über Pfeiffer heißt es: *Pfeiffer war das Gaudi aller Unteroffiziere und Feldwebel, das dankbarste und geduldigste Objekt der ergiebigen Geschichte des Kasernenhofsadismus. Er war unfähig, ein Bett zu bauen, ein Koppel zu wichsen, ein Maschinengewehr auseinanderzunehmen, eine Kragenbinde sauberzuhalten, einen Palisadenzaun zu überklettern, einen Pappkameraden zu treffen, einen Puff zu besuchen.*[135] März und Pfeiffer sind verhinderte Revolutionäre, weil sie nicht die Kraft aufbringen, für ein Leben, das ihren Idealen entsprechen würde, zu kämpfen. Doch kann man gerade an ihrer Schwäche, ihrem Leiden erkennen, daß sie versuchen, nach einem Lebensentwurf eigener Art zu leben. Die Gesellschaft, so Kipphardt, müsse lernen, das Schwache, das andere zu akzeptieren, statt Herrschaft und Gewalt auszuüben.

Diesen Gedankengang hat Kipphardt weiterverfolgt. Als mögliche Konsequenz solcher Überlegungen bildete sich bei ihm eine Vorstellung, vielleicht Utopie, die er in seinem Werk nicht mehr argumentativ entfalten konnte. Es gibt nur einige Hinweise. In das *März*-Widmungsexemplar für Pia Kipphardt hat er geschrieben *Ich habe mir die Revolution immer nur weiblich vorstellen können*[136], und die Erzählung *Der Deserteur* endet völlig überraschend und nicht unbedingt logisch mit den Sätzen: *Ich konnte Dich, Maria, nie weinen sehen. Bildlich habe ich mir die Revolution immer nur weiblich vorstellen können. Rosig schwellendes Fleisch, große Brüste, offenes Haar und ausgestreckte Hände.*[137] Die Interpretation dieser Stellen ist auch deshalb schwierig, weil sie offensichtlich ein regressives Moment festhalten; dem «Sog des Weiblichen», wie ihn Kipphardts schon zitierte Gedichte mitteilen (vgl. S. 16f), wird hier nachgegeben. Die allegorische Vorstellung von der weiblichen Revolution bleibt innerhalb Kipphardts Werk rätselhaft.

In *März* hat Kipphardt das Ausmaß der psychischen Verelendung in der Bundesrepublik mit statistischen Zahlen belegt. Danach gab es Mitte der siebziger Jahre in der Bundesrepublik Deutschland *etwa 600 000 Kranke des schizophrenen Formenkreises, mehr als 1 Million Alkoholiker, 7 Millionen behandlungsbedürftige Neurotiker. Wegen psychischer Erkrankungen werden jährlich 200 000 Bundesbürger in 130 spezielle Kliniken eingewiesen.*[138] Kipphardt folgerte daraus, daß eine Gesellschaft, die in solchen Dimensionen psychisches Elend produziert, verändert werden muß. Zwar stimmen seine literarischen Befunde in *März* mit den theoretischen Aussagen der Antipsychiatrie weitgehend überein, doch blieb Kipphardt ausgesprochen zurückhaltend, Schlußfolgerungen zu ziehen. Sein Roman, der mit dem Selbstmord von März endet, widersetzt sich einer vordergründig optimistischen Deutung. Der Nervenarzt Kipphardt hatte keinen aktuellen Beitrag zur Antipsychiatrie-Debatte, die Anfang der siebziger Jahre intensiv geführt wurde, geschrieben. *März* ist ein Stück politischer Analyse. *Mich interessieren zwei Gruppen von Men-*

«*März, ein Künstlerleben*». *Wuppertaler Bühnen 1981/82*

schen: einmal die Revolutionäre, bei denen Gedanken und Handeln eine bestimmte Einheit bilden. Die andere Gruppe, die bei uns häufiger anzutreffen ist, das sind diejenigen, die dem Druck der Verhältnisse, Umstände, die unsere Gesellschaft für sensible Leute produziert, nicht mehr gewachsen sind, die also die gewöhnlichen Schrecken ihres Lebens nicht ertragen. Da sie keine ausreichend starke Anpassungsfähigkeit haben, ziehen sie sich aus der Gesellschaft zurück und werden zerstört in ihrem psychischen und geistigen Rezeptionsvermögen. Das sind die Geistesgestörten, die eine Gegenposition zur puritanisch-kapitalistischen Leistungsgesellschaft beziehen.[139] *Indem man den Zusammenhang zwischen psychischer Erkrankung und kranker Gesellschaft zu verstehen sucht, wird auch die Krankheit untersuchbar. Indem man im Einzelfall sinnlich faßbar macht, welche Sorten von psychischer Verelendung es gibt, stößt man zwangsweise auch auf die Verelendung der Sozietät.*[140]

Bevor *März* als Roman erschien, hatte das ZDF 1975 einen Fernsehfilm *Leben des schizophrenen Dichters Alexander März* gesendet. Ernst Jacobi spielte den März und Vojtek Jasny führte Regie. In 82 Szenen wurde das Leben von März dargestellt. Ein Hörspiel und ein Theaterstück zum gleichen Thema sollten folgen. *Das Stück, von meinem Roman «März» ausgehend, ist keine Dramatisierung des Romans. Es verfolgt weitergehende Ziele und ist die entschiedenste Ausprägung des Stoffes.*[141] Es war vor allem auch die Körpersprache, die gestische Ausdrucksweise der Patienten der Anstalt, die Kipphardt jetzt interessierte, eine Dimension, die sich im Roman kaum vermitteln ließ. Am 16. Oktober 1980 wurde *März, ein Künstlerleben* in einer alten Messehalle in Düsseldorf unter der Regie von Roberto Ciulli uraufgeführt.

Heinar Kipphardts Beschäftigung mit *März* und die Angelsbrucker Eindrücke veranlaßten ihn zu vermehrter lyrischer Produktion. Seit seiner Jugend hatte er Gedichte geschrieben. Wenige wurden während seiner Ost-Berliner Zeit in Programmheften und Anthologien veröffentlicht. *Ich war immer überzeugt, nur Gedichte seien in der Literatur wirklich ernst zu nehmen. In erträglicher Verfassung lese ich am liebsten Gedichte, und von den Qualen des Schreibens ist mir einzig die des Gedichtemachens keine… Merkwürdigerweise blieb mein Impuls, diesen Teil meiner Arbeit auch zu veröffentlichen, immer klein, als wäre dies meine Privatsache, mein Vergnügen.*[142] 1977 erscheinen die *Angelsbrucker Notizen*, sie enthalten zehn Tuschzeichnungen von Kipphardts Freund HAP Grieshaber. Gemeinsam mit Grieshaber entstand auch eine Mappe in der Reihe «Engel der Geschichte». «Angelus Novus» hieß ein Blatt von Paul Klee, das im Besitz von Walter Benjamin war, der ihn in seinen geschichtsphilosophischen Thesen als den «Engel der Geschichte» interpretierte. Der Wind hat sich in des Engels Flügeln verfangen und treibt ihn unaufhaltsam vorwärts, während der Engel gleichzeitig auf die Trümmer und Kata-

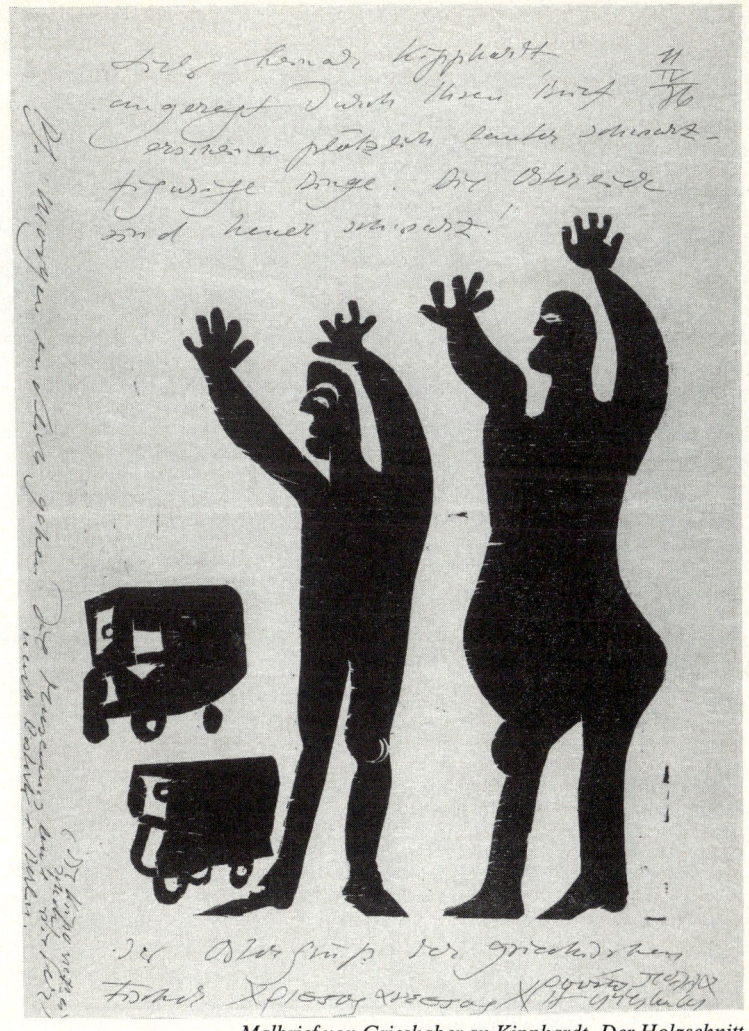

Malbrief von Grieshaber an Kipphardt. Der Holzschnitt
wurde auch in «Engel der Psychiatrie» abgedruckt

strophen der Vergangenheit blicken muß. Der melancholische Geschichtspessimismus, von dem Benjamins philosophische Thesen und seine Interpretation des «Engels der Geschichte» nicht frei sind, läßt sich geradezu als Schlußfolgerung aus Kipphardts Ausführungen zur Psych-

Mit HAP Grieshaber, 1976

iatrie verstehen. Die 23. Mappe der «Engel der Geschichte» mit acht Holzschnitten von HAP Grieshaber erschien 1976 unter dem Titel *Engel der Psychiatrie*. Sie enthält Texte und Gedichte aus *März*.

Mit den Gedichten, die seit *März* entstanden, nähert sich Kipphardt einer Sprachwelt, in der Schrecken und drohende Sprachlosigkeit sinnfällig werden.

> *Fein ist das Weiß*
> *und weich ist das Weiß*
> *und auch in der Mitte zerreißbar*[143]

Peter Fischer und Wolf Biermann haben einige dieser Gedichte vertont. Neben den *März-Gedichten* finden sich in den *Angelsbrucker Notizen* Gelegenheitsgedichte aus den letzten Jahren; darüber hinaus hatte sich Kipphardt entschlossen, Gedichte aus den fünfziger Jahren unter dem Titel *Erinnerungen an Warschau* zu publizieren. Damit ist der Weg von der beredsamen Lyrik der Nachkriegszeit, die auch pathetisch-beschwörend sein konnte, bis hin zu den äußerst verknappten Zeilen der *März-Gedichte*, die sich am Rande des Ausdrückbaren befinden, dokumentiert. Für die *Angelsbrucker Notizen* habe er seine Gedichte *sammeln und nochmals lesen müssen. Also wenn Sie so mit Ihren Sachen aus Ihrem Leben zusammentreffen, ist das ja nicht nur angenehm, es ist auch etwas Unbehagliches, wenn Sie mit der früheren Person, die Sie ja einmal waren, zusammenstoßen, und Sie kennen deren Empfindungen nur noch ungenügend ... und Sie teilen später dann nicht mehr alle deren Empfindungen und Gedanken.*[144]

1981 entschloß sich Kipphardt – nach einigem Zögern – seine *Traumprotokolle* zu veröffentlichen. Sie zeigen die Nachtseite jener Jahre. Doch müssen gerade sie, so wie die Gedichte Kipphardts, als literarische Äußerungen gelesen werden, denn das manifeste Traummaterial wird von ihm nicht im Lebenszusammenhang analysiert und gedeutet, sondern literarisiert. Träumend produzierte Kipphardt Fakten, quasi Dokumente, die bearbeitet werden konnten. Dieses Traumgeschehen wird zum Material für literarische Texte, eine Verfahrensweise, die die Surrealisten schon in den zwanziger Jahren entwickelt hatten. Es entsteht die paradoxe Situation, daß die vermeintlich privaten Äußerungen Kipphardts nur wenig für eine biographische Deutung beitragen können. Daß sich Kipphardt seit Ende der siebziger Jahre überhaupt so viel und intensiv an seine Träume erinnerte, ist allerdings ein Indiz für eine große innere Anspannung, der er ausgesetzt gewesen sein muß. *Der Traum ist der Stachel im zähen Fleische des blassen, bis in die Freizeit geregelten Alltagslebens. Der Träumende wird für kurze Zeit zu einer Art von Künstler, der Geschichten, Bilder, Filme produziert, die mit ihm, mit seinem Leben zu tun haben. Er wird eine ungekannte Produktivität gewahr, die mit seinen Wünschen, seinen verloren gegangenen Entwürfen zu tun hat, jenseits der Abtrennung seiner Arbeitssphäre von seinem Leben.*[145]

Heinar Kipphardt wußte von psychisch Kranken, daß sie eine ungeheure Sprachgewalt besitzen konnten; beim Erinnern der eigenen Träume war ähnliches festzustellen. Die Techniken des Traums: Verdichtung, Verschiebung, Verkürzung usw. sind ebenso literarische Prinzipien. Hinzu kommt die Notwendigkeit des Traums, Sachverhalte bildlich darzustellen. Kipphardt war fasziniert von diesen eigentümlichen Traumgebilden, die oft einen hohen literarischen Reiz besaßen: *Mit Moritz an der Hand über wunderbar klares Eis gehend, sehe ich eine eingesunkene Libelle. Wie ich prüfen will, ob sie ertrunken ist oder sich verpuppt, merke ich, daß wir auf ganz dünnes Eis geraten sind. Den Blick auf die Libelle gerichtet, langsam rückwärts gehend, gelangen wir ans Ufer.*[146]

Die Traumarbeit ist auch eine Erinnerungsarbeit, die auf verlorene Möglichkeiten hinweist. Man ist im Traum das Kind, das man war, man lebt als dieses Kind, man handelt als dieses Kind, der Traum führt uns an unseren Anfang und bringt uns Informationen, über die wir gar nicht mehr zu ver-

fügen glaubten, und er sucht uns mit starken Gefühlen heim, die unser Alltag kaum kennt.[147] Insgesamt entsprechen die *Traumprotokolle* dem, was der Psychoanalytiker Leon L. Altman über den Traum geschrieben hat: «Das faszinierendste Merkmal des manifesten Traums ist die offensichtliche Gleichgültigkeit gegenüber Realität, Logik und Zusammenhängen. Das Geschlecht ist unbestimmt, psychischer Angriff und Gewalt sind nicht mehr von erotischer Leidenschaft zu trennen, Lust verschmilzt mit Schmerz, Anziehung mit Zurückweisung, Schreck mit Faszination und Verurteilung mit Billigung. Obwohl der Traum völlig verrückt erscheint, hat er doch Methode.»[148] Die Beschäftigung mit den eigenen Träumen war für Kipphardt kein Rückzug ins Private, wie mancher Kritiker seine Protokolle verstanden wissen wollten.[149] Die Träume führen zu den affektiven Grundlagen unserer Existenz, die unser Handeln bestimmen.

Als Kipphardt seinen Roman *März* veröffentlichen wollte, war er auf der Suche nach einem geeigneten Verlag für sein Buch. Er erinnerte sich seiner Kontakte zu Bertelsmann, wo er Anfang der sechziger Jahre als Lektor beschäftigt war. So fand er zur AutorenEdition, die als literarischer Verlag bei Bertelsmann bestand. Der Verlag wurde selbstverwaltet und von einem Herausgeberteam geleitet. Das entsprach einer basisdemokratischen Vorstellung, die noch auf Einflüsse der Studentenbewegung zurückging. Über das Verlagsprogramm entschieden die vier Herausgeber Gerd Fuchs, Uwe Friesel, Richard Hey und Uwe Timm, und als Richard Hey aus Arbeitsgründen aus dem Team ausschied, trat Kipphardt an seine Stelle. Seine klare ästhetisch-politische Konzeption deckte sich weitgehend mit der Auffassung der anderen Herausgeber: Eine aufklärerische, kritische Literatur sollte verlegt werden, die möglichst breite Bevölkerungsschichten ansprach. *Ich möchte um Gottes willen kein Verleger werden... Es hat sich nur so ergeben, und ich hielt es im jetzigen Klima des Landes auch für solche Autoren, die sich mit gesellschaftlichen und politischen Realitäten in der Literatur befassen, für wichtig, daß für die ein Verlag aufrechterhalten wird, wie es die AE ist. Deshalb blieb ich weiter Herausgeber, wollte mich schon gar nicht in der Krisensituation herausziehen, um nur Autor zu sein.*[150]

Heinar Kipphardt war zur AutorenEdition gekommen, als das Herausgeberteam und Bertelsmann in den ersten Streit gerieten. Bernt Engelmann hatte gegen den Besitzer eines Industrieunternehmens polemisiert, der in der Nazi-Zeit Arisierungen vorgenommen hatte. Auch Engelmanns zweiter Roman «Bilderberg» geriet in die Schußlinie. Als «Die Herren des Morgengrauen» von Peter O. Chotjewitz erscheinen sollte, ein Buch, das den Terrorismus zum Thema hat – der Hauptheld träumt, Baader, Ensslin und Raspe seien in Stammheim umgebracht worden –, kam es zum Bruch. Die AutorenEdition mußte sich einen neuen Verlag suchen, der bereit war, das Mitbestimmungsmodell zu akzeptieren. Es

*Das Team der AutorenEdition: Heinar Kipphardt,
Uwe Timm, Gerd Fuchs, sitzend der Lektor Roman Ritter*

gab Verhandlungen mit mehreren Verlagen, schließlich ging die Autoren-
Edition nach Königstein zum Athenäum-Verlag. Der damalige Ge-
schäftsführer Dietrich Pinkerneil war entschlossen genug, das Projekt zu
übernehmen. Selbst Publikationen wie *Aus Liebe zu Deutschland. Satiren
zu Franz Josef Strauß,* 1980 von Kipphardt herausgegeben, in denen die
gesamte engagierte Linke von Biermann bis Zwerenz den damaligen
Kanzlerkandidaten Franz Josef Strauß attackierte, ließ Pinkerneil ohne
Zensur passieren. Das Buch muß ihn geschmerzt haben, weil die Verlags-
gruppe von Schulbüchern existiert und nun viele Abbestellungen kamen.
Später, nach Kipphardts Tod, scheiterte die AutorenEdition am Geld.

Für Kipphardt, der es gewohnt gewesen war, am Theater mit vielen
Leuten zusammenzuarbeiten, bot die Herausgebertätigkeit die erneute
Möglichkeit kollektiver Arbeitsprozesse. Regelmäßig trafen sich die Herausgeber im Münchener Büro oder in der Angelsbrucker Mühle, sprachen über eingegangene Manuskripte und führten ausgiebige ästhetisch-
politische Diskussionen. Mit Uwe Timm und Gerd Fuchs verstand sich

Kipphardt so gut, daß aus den Arbeitsbeziehungen Freundschaften entstanden.

Zusammen mit dem Verleger Pinkerneil gab Kipphardt innerhalb der AutorenEdition die «Republikanische Bibliothek» heraus. Romane, Reportagen und Autobiographien, die in der Bundesrepublik nicht erschienen oder seit langem vergriffen waren, wurden neu aufgelegt. Besonders Werke, die während des Nationalsozialismus verboten waren oder im Exil entstanden, fanden Beachtung. Es war der Versuch, die zerstörte Kontinuität der deutschen Literaturgeschichte ein Stück weit zu rekonstruieren. Damit, so die erklärte Absicht von Kipphardt und Pinkerneil, sollten aktuelle Emanzipationsprozesse gefördert werden. In der Reihe erschienen unter anderem Bücher von Arnold Zweig, Ludwig Renn, Bernhard Kellermann sowie ein Reprint der Malik-Bücherei.

1977 veröffentlichte Kipphardt noch einmal eine Kriegserzählung, *Der Deserteur*. Ursprünglich sollte aus dem darin zusammengestellten Material ein Roman mit dem Titel *Die Tugend der Kannibalen* entstehen, doch blieb es bei der Erzählung. Sie erschien gemeinsam mit *Der Hund des*

Kipphardt mit seiner Frau Pia und seinem Vater

Mit Sohn Moritz und dem Boxerhund Pluto

Generals (1956) und *Der Mann des Tages* (1960) in dem Band *Der Mann des Tages und andere Erzählungen*. Die beiden frühen Erzählungen teilen, in konventioneller Erzählweise, ironisch verfremdet, reale Kriegserlebnisse mit. *Der Deserteur* ist indessen eine Textmontage, wie sie sich bei dem Roman *März* bewährt hatte. Allerdings erreicht die Erzählung nicht die gleiche formale Geschlossenheit. Wie bei *März* wird aus verschiedenen Perspektiven heraus, die gegeneinander montiert sind, berichtet. Der Hauptsturmführer Max Halske versucht 1943, als die deutsche Kriegsniederlage schon absehbar ist, gegen die Interessen der Wirtschaft ein KZ-Wirtschaftsunternehmen zu errichten. Es handelt sich um eine Fälscherwerkstatt, in der Pässe und Devisen produziert werden sollen. Halske beschließt, das Unternehmen nach modernsten Gesichtspunkten zu führen; seine Fachkräfte, alles KZ-Häftlinge, sollen sich wohl fühlen, damit sie optimale Arbeitsergebnisse liefern. Erst gegen Ende der Erzählung wird ein Motiv eingeführt, das Kipphardt bis zu seinem Tod beschäftigen wird: die Figur des gescheiterten Revolutionärs. Der Häftling Jakob Hartel beginnt nach Kriegsende an seinen kommunistischen Idealen zu verzweifeln. *Die Partei, Maria, ist nur noch der Schatten der Büros. Mit Herrenaugen betrachten die Sekretäre der Partei ihre Mitglieder und kaufen in Torgsin-Läden. Die Lüge ist die Luft, die man einatmet. Die revolutionäre Generation ist niedergemetzelt, die Geschichte umgelogen, das revolutionäre Denken umgewandelt in die wörtliche Wiederholung oder die platte Erläuterung der Worte eines Mannes.*[151]

Doch geht es Kipphardt in *Der Deserteur* auch um die Funktionalität moderner Gesellschaften mit ihrer Unmenschlichkeit; ein Thema, das in seinem letzten Stück *Bruder Eichmann* voll entfaltet wird. Im *Deserteur* beschreibt Kipphardt die Funktionalität der Konzentrationslager, und er läßt den geschäftstüchtigen Halske sagen: *Es klingt für einen Hauptsturmführer vielleicht seltsam, aber ich bin kein Nazi. Ich wäre in jedem System hochgekommen, und ich bin nicht willens, mit irgendeinem unterzugehen.*[152] Die kapitalistischen Strukturen, die den Nationalsozialismus erst ermöglicht hatten, sind grundlegender und langlebiger als die faschistische Ideologie. Halske weiß das, und er verhält sich entsprechend, deshalb würde er in jedem System Karriere machen. Halske repräsentiert die *Eichmann-Haltung.*

Als Kipphardt an seinem letzten Stück *Bruder Eichmann* schrieb, lebte er in Angelsbruck, inmitten einer großen Familie. Äußerlich hatte er sich stark verändert. Fotografien aus den fünfziger Jahren zeigen ihn als entschlossenen, selbstbewußten Mann. Jetzt erblickt man auf Fotos eine behäbige Gestalt, oft in Nadelstreifenanzügen mit Weste, und Kipphardt trägt auffallend viel Schmuck. Ein regelmäßiger Arbeitsrhythmus bestimmte die Tage in Angelsbruck. Nachmittags, oft erst am Abend begann die eigentliche schriftstellerische Arbeit. Sie dauerte bis spät in die Nacht. Das Schreiben fiel ihm nicht leicht, es war mit Qualen und Selbstzweifeln verbunden.

«Was Kipphardt die ‹Qualen des Schreibens› nennt, war vielleicht seine größte Qualität: seine Unfähigkeit, die Wirklichkeit, von der er schrieb, mit schriftstellerischen Tricks zu überlisten. Thesenstücke und Parabeln konnte er nicht schreiben (weil dann die Ergebnisse festgestanden hätten, bevor die Nachforschung begann). Auch zur historischen Realität verhielt sich Kipphardt nicht wie ein Rechthabender, sondern wie ein Zuhörender, Zusehender – jederzeit bereit, mühsam gefundene Ergebnisse wieder zu verwerfen. Das hat seine Wege bis zum Abschluß seiner Arbeit langwierig gemacht.»[153] Zu jener Zeit hatte ihn der Theaterkritiker Benjamin Henrichs während einer öffentlichen Diskussion am Stadttheater in Landshut/Oberbayern erlebt. 1980 hatte dort sein *Oppenheimer*-Stück Premiere; später saßen die Theaterleute, der Schriftsteller und das Publikum aus Kipphardts neuer Heimat, Nachbarn gewissermaßen, zusammen und diskutierten. Zögernd und stockend, mit langsamer Rede, die durch mancherlei Seufzen und Brummen unterbrochen gewesen sei, habe Kipphardt über seine Arbeit am Stück gesprochen. «Es war keine brillante Diskussion an diesem Landshuter Abend. Kein verbales Gefecht, keine Belehrung vom Dichterthron. Aber bald wurde aus dem mühsamen Gespräch ein nützliches, aus dem nützlichen ein spannendes. Kipphardt dozierte nicht, er erzählte; er behielt nicht recht, er hörte zu. Am Ende hatte jeder etwas gelernt: die Leute aus Landshut und der Mann aus Angelsbruck.»[154]

Eine Fernsehdokumentation aus dem Jahre 1980 von Victoria von Flemming über das Leben in Angelsbruck legt beredt Zeugnis ab über Kipphardts Lust am Essen und über eine barocke Lebensfreude. Man sieht Kipphardt am eigenen Fischteich angeln, mit den Bauern Fische ausnehmen, man sieht den Boxerhund und beobachtet die Familie bei Tisch.

> *Meine Nachbarn, die Bauern irritiert stark*
> *mein intimes Verhältnis zu dem Privatgelehrten*
> *Karl Marx.*
> *Dessen Geheimlehre kennenzulernen*
> *offerieren sie*
> *sommertags auf den Mühlwiesen*
> *ein Schwein zu braten*
> *damit ich ihnen bei genügend Bier*
> *den Marx erkläre in einem Zuge und*
> *hinsichtlich der Erwartungen der Landwirtschaft.*
> *Als alle essen und trinken*
> *erkläre ich dreist*
> *dies (mal gedacht als alltäglich)*
> *sei die Erfüllung der Lehre.*
> *Zur Vorsicht hatte ich auch*
> *eine Blaskapelle bestellt.*[155]

Ende der siebziger Jahre wurde Kipphardts erfolgreichstes Stück *In der Sache J. Robert Oppenheimer* wieder an vielen Bühnen gespielt. Dieter

Giesing, der später Regie bei der Uraufführung von Kipphardts letztem Stück *Bruder Eichmann* in München führte, inszenierte *Oppenheimer* 1977 in Hamburg und 1981 in München. Für die Hamburger Aufführung schrieb Kipphardt eine Neufassung. *Nicht alles über die Figur wissen, nicht mit ihr fertig sein. Das heißt für den Schriftsteller auch, in dem und dem Punkt nicht mit sich fertig zu sein. Meine Bemühung der letzten Jahre, eine neue Unbefangenheit zu bekommen. Wiederlesend interessiert mich am Stück das autobiographische Moment im faktisch Objektiven, der ich damals war, meine Fragen.*[156] Aber es war nicht nur dieses autobiographische Interesse. Durch den Rüstungswettlauf der beiden Supermächte, vor allem durch die Diskussion um die Neutronenbombe geriet das Stück wieder verstärkt in das öffentliche Bewußtsein. *Leider hat das Stück seine Aktualität bewahrt, möglicherweise verstärkt. Das ehrt einen Autor vielleicht, aber nicht so sehr die Wirklichkeit. Diese Aktualität ist keine so angenehme. Die Analogie zur McCarthy-Zeit ist ein schlimmer Aspekt unseres Lebens: die geringe Toleranz gegenüber der Abweichung, dem anders Denkenden und dessen existenzielle Vernichtung – die Tendenz zum Überwachungsstaat. Ein anderer bedrohlicher Aspekt ist geblieben: die denkbare Vernichtung unserer Zivilisation. Die Ursachen liegen in dem Mißverhältnis zwischen den weit entwickelten Naturwissenschaften und ihrer Technologie und der Rückständigkeit in den Formen des menschlichen Zusammenlebens, die bisher entwickelt sind, im privaten und im gesellschaftlichen Leben.*[157]

Heinar Kipphardt sah in den siebziger Jahren allgemein die politische Kultur der Bundesrepublik gefährdet. Zunehmend ließen sich die Menschen bevormunden, statt ihre eigenen Interessen zu artikulieren und durchzusetzen. *Der schnelle Verfall an politischer Kultur zeigt sich für mich in der rapiden Einengung der Möglichkeiten im Auseinandersetzungsfeld. Die Vorzüge der bürgerlichen Demokratie gegenüber dem Faschismus sind doch, daß in der Demokratie alternative Modelle vortragbar sind, auch systemüberschreitende, sozialistische, revolutionäre.*[158] Kipphardt befürchtete, daß eine autoritätfixierte, von der *Eichmann-Haltung* geprägte Gesellschaft in schwieriger Lage wieder nach dem «starken Mann» rufen könnte. Die Kanzlerkandidatur von Franz Josef Strauß war ihm ein Indiz dafür. *Wer hat je gedacht, daß der trostlosen Schmidt-Genscher-Koalition mit ihm zur Wahl noch einmal eine Alternative zuwachsen könnte.*[159] Politisch positive Ansätze sah Kipphardt dagegen in den alternativen, basisdemokratischen Bewegungen, die Ende der siebziger Jahre verstärkt politisches Gewicht bekamen. Sie entsprachen seiner Vorstellung von Eigenverantwortlichkeit. Insgesamt hielt er es für notwendig, angesichts anwachsender wirtschaftlicher Schwierigkeiten und der damit einhergehenden konservativen Lösungsstrategien die geistige Situation der Bundesrepublik zu analysieren und öffentlich Stellung zu beziehen.

Als Herausgeber reagierte Kipphardt auf diese Situation mit Satiren

auf Franz Josef Strauß, die anläßlich der Bundestagswahlen 1980 erschienen. Ein *Lesebuch zum Modell Deutschland* unter dem Titel *Vom deutschen Herbst zum bleichen deutschen Winter* gab er, zusammen mit Roman Ritter, 1981 bei der AutorenEdition heraus. Als «Modell Deutschland» pries die sozialliberale Regierungskoalition ihre Politik an, und die Herausgeber nahmen die Formulierung in polemischer Absicht in den Untertitel des Buches auf.

Heinar Kipphardt hielt Lesungen ab zugunsten von amnesty international. Zu Beginn der achtziger Jahre beteiligte er sich an den Begegnungen von Schriftstellern zur Friedensförderung, die in Sofia, Berlin, Köln (Interlit) und zuletzt in Den Haag stattfanden. Auch bei regionalpolitischen Auseinandersetzungen bezog Kipphardt Stellung. Um den Münchener

Großflughafen im Erdinger Moos zu verhindern, rief er zum Zivilen Ungehorsam auf. *Wo der Staat nicht auf die Bedürfnisse seiner Bürger eingeht, da hat der Bürger nicht nur das Recht zum Widerstand, nein, er ist sogar verpflichtet dazu.*[160] Und er engagierte sich, wenn es um kulturpolitische Belange ging. Noch am 23. September 1982, wenige Wochen vor seinem Tod, solidarisierte sich Kipphardt mit dem Ensemble des Dortmunder Schauspielhauses gegen *den kulturfeindlichen und sehr banausischen Plan, in der alten Ruhrgebietsstadt Dortmund ausgerechnet das Schauspiel als Sparmaßnahme in der Wirtschaftskrise schließen zu wollen.* Und er ermunterte die Schauspieler zu *phantasievollem Widerstand gegen die Kulturvernichtung auf dem Felde des Theaters*[161]. 1977 fand sich Kipphardt sogar bereit, an der Essener Gesamthochschule zu lehren. Er wurde Gastprofessor am Fachbereich Literaturwissenschaften und entschloß sich, noch einmal – diesmal theoretisch – die Frage nach dem Realismus im Drama zu stellen. *Mein Thema ist «Das Tatsächliche in der Literatur», und ich möchte es etwa am «Woyzeck», «Danton» und den «Soldaten» erläutern. Natürlich auch an meinen eigenen Stücken «Oppenheimer» und «Alexander März»!*[162] Der Entschluß war eher einem politischen Verantwortungsgefühl zu danken als einer pädagogischen Neigung.

In den letzten Jahren hatte sich Kipphardt wieder intensiv mit dem Eichmann-Stoff beschäftigt, der seit den sechziger Jahren in der Schreibtischschublade verblieben war. *Ich weiß nicht, warum ich das Projekt damals aufgab, vielleicht weil ich zuviel darüber wußte, es jedenfalls für mich nicht genug Fragen gab. Vielleicht reagierte ich auch unbewußt auf die Kritik, die den Faschismus auf dem Theater allenfalls moralisch, aber nicht exemplarisch behandelt haben wollte.*[163] Auch diesmal benutzte Kipphardt Dokumente. Er sichtete die vollständigen Protokolle der Eichmann-Verhöre, die dieser selbst korrigiert und autorisiert hatte. Der israelische Polizeihauptmann Avner Less hatte 1960/61 die Verhöre durchgeführt. Das Material, 3564 Seiten, war noch umfangreicher als die Protokolle zum Fall Oppenheimer. Zusätzlich orientierte sich Kipphardt an den Publikationen des Pfarrers Hull, dem Eichmann in der Todeszelle begegnet war, und des Psychiaters Istvan S. Kulcsar, der ebenfalls mit Eichmann im Gefängnis gesprochen hatte.[164]

Nach dem Krieg war Eichmann mit falschen Papieren nach Südamerika geflüchtet, wo er vom israelischen Geheimdienst aufgespürt und 1960 nach Jerusalem entführt wurde. In Israel war Eichmann neunzehn Monate in Untersuchungshaft. Nach seinem Prozeß wurde er am 31. Mai 1962 im Strafgefängnis Ramleh im judäischen Gebirge gehängt. Kipphardts Stück zeigt Eichmann in Untersuchungshaft und in der Todeszelle. *Das Stück beschreibt, wie ein ziemlich durchschnittlicher junger Mann aus Solingen, aufgewachsen in Linz, Vertreter bei Vacuum-Oil, auf sehr gewöhnliche Weise zu der monströsen Figur Adolf Eichmann wird, die administrative Instanz im Genozid an den europäischen Juden, ein «Rädchen*

Adolf Eichmann in israelischer Haft, 1960/61

im Getriebe», wie er sich nennt, ein Funktionär des «Krieges gegen die
Juden», durch Befehl und Eid gewissensgeschützt. Das Stück zeigt auch,
wie in der Eichmann-Haltung die Soldatenhaltung und die funktionale
Haltung des durchschnittlichen Bürgers überhaupt steckt, die Haltung, Ge-
wissen sei an den Gesetzgeber oder an den Befehlsgeber delegiert. Genauer
gesehen zeigt sich, daß die Eichmann-Haltung die gewöhnliche Haltung
unserer heutigen Welt geworden ist, im Alltagsbereich wie im politischen
Leben wie in der Wissenschaft, von den makabren Planspielen moderner
Kriege, die von vornherein in Genozid-Größen denken, nicht zu reden.
Deshalb heißt das Stück «Bruder Eichmann».[165]

Doch wollte Kipphardt kein neues Dokumentarstück im Sinne des *Oppenheimer* schreiben. Schon die Formel vom *Bruder Eichmann* verweist darauf, daß es ihm um etwas anderes ging. Ein Eichmann-Stück, so Kipphardt, könne sich schließlich jede Dramaturgie aus den Less-Protokollen selbst zusammenstellen.[166] Das Stück will mit Analogieszenen und dem bewußt eingesetzten Blickwinkel des «Bruders» geradezu verhindern, daß sich der Zuschauer als Betrachter eines Bühnengeschehens versteht; das Publikum soll sich im Theater wiedererkennen. Für *Bruder Eichmann*

«Bruder Eichmann»,
Residenztheater München 1983

hat Kipphardt kurze Szenen verfaßt, in denen exemplarisch die *Eichmann-Haltung* vorgeführt werden soll. Diese Szenen aus der politischen
Gegenwart sind in das Stück, das die Verhörsituation Eichmanns nach-
stellt, hineinmontiert. Die Analogieszenen entlarven eine Denkungsart,
die beim Erzählen von Türkenwitzen ebenso zur Geltung kommt wie bei
der Anarchistenfahndung. Beide Ebenen treffen sich in der fatalen
Selbstgerechtigkeit, einmal des Kleinbürgers, zum andern des Staates.
Uwe Naumann, der Herausgeber der Kipphardt-Werkausgabe, hat eine

Definition der *Eichmann-Haltung* versucht, danach versteht Kipphardt darunter «die Bereitschaft, im Rahmen einer gegebenen Ordnung unter Ausschluß moralischer Erwägungen zu funktionieren – und dabei andere Menschen auszugrenzen, wenn nötig auch gewaltsam»[167].

Heinar Kipphardt hielt die *Eichmann-Haltung* für die bürgerliche Haltung schlechthin. In seinem Werk steht die exemplarische Figur Adolf Eichmann zwischen *März* und dem Revolutionär, den Kipphardt nicht eindeutig personifizierte. (Mit *Rapp* wäre dies vielleicht geschehen.) Beide, *März,* der psychisch Kranke, der durch sein Leiden Widerstand leistet, und der Revolutionär, der die Gesellschaft verändern will, werden von den «Eichmännern» abgegrenzt.

Mit den Kriegserzählungen und den Dokumentarstücken hatte sich Kipphardt während der fünfziger und sechziger Jahre gegen die Verdrängung des Nationalsozialismus gewandt. Das war seinerzeit eine Tabuverletzung. Seit Ende der siebziger Jahre schienen sich die Verhältnisse in der Bundesrepublik geändert zu haben, das Thema Faschismus wurde in Publikationen und Medien bis zum Überdruß verhandelt. Die Generation der unmittelbar Betroffenen starb langsam aus, die Nachfahren urteilen oft naiv über die Schrecken der Vergangenheit, weil sie sich selbst nicht schuldig fühlen. In dieser veränderten Situation rührte Kipphardt erneut an ein Tabu. Er vertrat mit seinem Stück laut die These, daß die Denkungsart, die den Faschismus ermöglichte, nicht verschwunden ist, im Gegenteil: sie ist weltweit überall auffindbar. Der Verdrängung des Faschismus durch Historisierung hat Kipphardt sein Stück entgegengesetzt.

Kritiker haben *Bruder Eichmann* vorgehalten, es verharmlose die monströse Figur Eichmanns, es humanisiere ihn in ungerechtfertigter Weise. Doch gerade die gegenteilige Vorstellung ist plausibel. Der gewöhnliche, menschliche Eichmann, dem man «beim besten Willen keine teuflisch-dämonische Tiefe abgewinnen kann», wie Hannah Arendt in ihrem Eichmann-Bericht schrieb, ist die wahre Provokation.[168] Kipphardts Stück ist nach der Uraufführung vordergründig als politisches Zeitstück kritisiert worden, doch mit dem Bloßstellen der *Eichmann-Haltung* wird im Dienst der Humanität eine bürgerliche Lebenslüge entlarvt, ähnlich wie bei Stücken von Ibsen und Strindberg.

Es kann eben fast jedem zustoßen, Eichmann-Haltungen einzunehmen, auch uns natürlich... Ich stieß auf Verhaltensmuster, die ich von meinem Vater kannte. Der war aber ein KZ-Häftling in Buchenwald, leidenschaftlicher Anti-Nazi, ein sehr mutiger Mann, der sich für einen Marxisten hielt.[169] Seinem Stück hat Kipphardt den Satz von Blaise Pascal vorangestellt: «Niemals tut man so vollständig und so gut das Böse, als wenn man es mit gutem Gewissen tut.» Demnach entkommt man der *Eichmann-Haltung* nur, wenn man das Böse auch in sich selbst akzeptiert und lernt, damit umzugehen. Prinzipien, Pflichtgefühl, manchmal auch Moral sind

Beim Haager Treffen, Mai 1982

selbstgerechte Tugenden, die vor unmenschlichem Verhalten nicht wirklich schützen können. Der Psychiater Ronald D. Laing, auf dessen Arbeiten sich Kipphardt ausdrücklich berief, bemerkte in seiner Studie «Phänomenologie der Erfahrung»: «Wir müssen damit beginnen, unsere Ge-

walt zuzugeben und zu akzeptieren, statt uns selbst durch sie blindlings zu zerstören. Damit müssen wir realisieren, daß wir uns so sehr vor dem Leben fürchten wie vor dem Sterben.»[170] In einem Gespräch zwischen Kipphardt und Armin Halstenberg findet sich folgende Sequenz:

HALSTENBERG: Eine letzte Frage. Herr Kipphardt: sind Sie ein guter Mensch?
KIPPHARDT: *Ein guter was?*
HALSTENBERG: Ein guter Mensch?
KIPPHARDT: *Das bin ich ganz sicher nicht. Sie erschrecken mich.*[171]

Schon 1967 hatte Kipphardt in einem Gespräch mit Rolf Traube selbstkritisch zu Protokoll gegeben: *Als junger Mensch war ich von der unmittelbaren Wirkung der Literatur auf die Gesellschaft überzeugt, heute bin ich*

Köln,
Juni 1982, Interlit

bescheidener geworden. Heute weiß ich, daß der Lauf der Welt am wenig-
sten von Moralitäten, viel mehr von ganz anderen gesellschaftlichen Kau-
salitäten bestimmt wird.[172] Diese Einsicht hatte Kipphardt seitdem mehr
und mehr für seine Arbeiten fruchtbar gemacht. In der frühen Szenenfolge *Entscheidungen* ging es noch darum, wie die Welt sein sollte, späte-
stens seit *März* richtet Kipphardt sein Augenmerk konsequent auf die
gesellschaftlichen Kausalitäten. Dies äußert sich formal in der subtil be-
herrschten Montagetechnik des Romans. Dieser Blick führte zur Analyse
der *Eichmann-Haltung.*

Die Buchausgabe des Eichmann-Protokolls von Avner W. Less ist vom
Herausgeber Jochen von Lang den Opfern Eichmanns gewidmet worden.
Rolf Hochhuth kritisierte an Kipphardts Stück – stellvertretend für

viele –, er habe in seinem Drama zu wenig an die Opfer gedacht. Kipphardt hasse Eichmann zu wenig. «Warum wird Eichmann so gründlich durchleuchtet, daß zuletzt fast keine Zeit übrig ist, seine Opfer zu zeigen? Wer die Nachricht zu ertragen hat, sein Kind sei von einem Lustmörder geschlachtet worden – will der so gründlich wissen, daß der Täter ‹an sich› ein redlicher, Tiere, ja sogar Kinder liebender Mensch ist, tapfer vor dem Feind, hilfreich als Kamerad, glücklich als Schrebergärtner?»[173] Schon 1939 hatte Thomas Mann den Aufsatz «Bruder Hitler» im amerikanischen Exil veröffentlicht. In ihm verglich er sich mit dem nationalsozialistischen Führer und konstatierte, daß dieser «Bruder», diese «peinliche Verwandtschaft» alle Merkmale des Künstlers aufweise, sich aber ungerechtfertigt in der Sphäre der Politik austobe. Kipphardt geht mit *Bruder Eichmann* einen vergleichbaren Weg, allerdings identifiziert er sich nicht mit dem «Künstler» Hitler, sondern mit dem «Bürger» Eichmann. Über den methodologischen Sinn solchen Vorgehens schrieb Thomas Mann: «...die bloßen leidigen Tatsachen anzuerkennen, kommt schon moralischer Kasteiung nahe. Es gehört Selbstbezwingung dazu, die noch obendrein fürchten muß, unmoralisch zu sein, daß sie den Haß zu kurz kommen läßt, der hier von jedem gefordert ist, dem das Schicksal der Gesittung auf irgendeine Weise auf das Gewissen gelegt ist... Liebe und Haß sind große Affekte; aber eben als Affekt unterschätzt man gewöhnlich jenes Verhalten, in dem beide sich aufs eigentümlichste vereinen, nämlich das Interesse. Man unterschätzt damit zugleich seine Moralität.»[174] Es ist weitgehend unerforscht, wie sich unbewußte Prozesse, die sich oft in Haltungen manifestieren, auf die Gesellschaft auswirken. Was hat Eichmann mit uns zu tun?

Die erregte Diskussion um *Bruder Eichmann* hat Kipphardt nicht mehr erlebt. Pia Kipphardt hat das Stück gegen unbotmäßige Einflußnahme von außen verteidigt. Streichungen und Kürzungen der Analogieszenen, die nicht im Sinne Kipphardts gewesen wären, ließ sie nicht zu. In Köln und Hamburg wurde daraufhin das bereits angesetzte Stück nicht gespielt. Zu den herausragenden Theaterereignissen 1983 gehörte indessen eine Inszenierung von *Bruder Eichmann* in Dresden unter der Regie von Horst Schönemann. Ihm gelang es, die allgemeine Problematik, auf die es Kipphardt ankam, zu verdeutlichen: «...das Verhältnis von Befehl und Verantwortung, Disziplin und Moral, Unabhängigkeit und Mitläufertum, Pflicht und Gewissen... Am Ende war... die Betroffenheit der Zuschauer so groß, daß sie nicht klatschten, nur schwiegen.»[175]

Bis zu dem Zeitpunkt, als Kipphardt in ein Krankenhaus mußte, hat er am Manuskript *Bruder Eichmann* gearbeitet. Er hatte die Arbeit abgeschlossen, und die Proben für die Uraufführung am Residenztheater in München sollten beginnen. Mit dem Regisseur Dieter Giesing gab es die ersten Vorgespräche, wie immer wollte Kipphardt bei der Realisierung seines Stücks dabei sein.

Heinar Kipphardt kannte den Tod, als Soldat und Arzt war er ihm begegnet. Krankheit und Gebrechen des Alters waren ihm indessen ein Graus, sie standen dem Leben entgegen. Krankheit war die wirkliche Niederlage des Lebens, sie kam dem Eingeständnis gleich, schwach zu sein, nicht mehr kämpfen zu können, nicht mehr nützlich zu sein. Krankheit war auch das Ende der Utopie. Kipphardt wurde nach wenigen Tagen der Krankenhausaufenthalt unerträglich, er wollte nach Hause, nach Angelsbruck. Er wollte einfach gesund sein. Zu seiner Frau Pia sagte er, *komm hauen wir doch ab nach Engelsbruck.* War es ein Versprecher?

> *Der Tod ist*
> *allüberall ist der Tod*
> *Freund Hein in Büro und Fabrik*
> *jedoch am liebsten daheim*
> *Der Tod ist ein Allesverwandler*
> *verwandelt die Welt in Papier*
> *drum riecht der neuere Tod fast gar nicht mehr.*[176]

Am 18. November 1982 ist Heinar Kipphardt im Alter von 60 Jahren in einem Münchener Krankenhaus an den Folgen einer zerebralen Blutung gestorben. Am 23. November 1982 wurde er auf dem Gemeindefriedhof von Reichenkirchen beigesetzt.

Anmerkungen

In den Anmerkungen werden folgende Siglen verwandt:

300 Zeilen = *300 Zeilen Leben*. In: Börsenblatt für den Deutschen Buchhandel. Nr. 40. 3. Oktober 1953
März = *März*. Roman. München (Bertelsmann AutorenEdition) 1976
Der Mann = *Der Mann des Tages und andere Erzählungen*. München (Bertelsmann AutorenEdition) 1977
Angelsbruck = *Angelsbrucker Notizen*. Gedichte. München (Bertelsmann AutorenEdition) 1977
Stücke 1 = *Theaterstücke*. Band 1. Köln (Kiepenheuer & Witsch) 1978
Stücke 2 = *Theaterstücke*. Band 2. Köln (Kiepenheuer & Witsch) 1981
Traum = *Traumprotokolle*. München (Athenäum AutorenEdition) 1981
Eichmann = *Bruder Eichmann*. Schauspiel und Materialien. Reinbek (Kipphardt-Werkausgabe, rororo 5716) 1986

(Pia K.) = Nachlaß Heinar Kipphardts in Angelsbruck
(Lore K.) = Privatbesitz Lore Kipphardt, Tutzing
(Kilger) = Privatbesitz Urs Kilger, Berlin (DDR)
Die Briefe an Erwin Piscator befinden sich in West-Berliner Archiven, Durchschläge z. T. in Angelsbruck

1 Vgl. Interview mit Armin Halstenberg. In: *Stücke 1*, S. 337–353
2 Traum, S. 55
3 Angelsbruck, S. 27
4 Ernst Bloch: Tübinger Einleitung in die Philosophie 2. Frankfurt (Suhrkamp) 1968 (edition suhrkamp 58). S. 89
5 *Umgang mit Paradiesen*. In: Literatur konkret. Frühjahr 1978. S. 24
6 Kipphardt: Notatheft, Schlesienreise 1977 (Pia K.)
7 Kipphardt: Rede anläßlich der Verleihung des Gerhart-Hauptmann-Preises 1964 (Pia K.)
8 *Umgang mit Paradiesen*, a. a. O., S. 24
9 Kipphardt: Notatheft, Schlesienreise 1977 (Pia K.)

10 März, S. 168
11 Angelsbruck, S. 114
12 März, S. 23
13 Angelsbruck, S. 115
14 Ebd., S. 70
15 300 Zeilen, S. 842
16 Ebd.
17 Ebd., S. 843
18 Ebd., S. 842–843
19 Ebd., S. 843
20 Helge Drafz: Die Sachlichkeit des Grauens (RP-Serie: Kipphardt in Krefeld). In: Rheinische Post/ Krefelder Stadtpost. 6. Juli 1985
21 300 Zeilen, S. 843
22 Stücke 1, S. 337
23 300 Zeilen, S. 843
24 Der Mann, S. 7–8
25 Ebd., S. 8
26 Stücke 1, S. 355

27 300 Zeilen, S. 843

28 Ebd.

29 Vgl. Hannah Arendt: Eichmann in Jerusalem. Ein Bericht von der Banalität des Bösen. München (Piper) 1964

30 300 Zeilen, S. 843

31 Ebd.

32 Brief an Lore Kipphardt vom 4. Juni 1943 (Lore K.)

33 Kipphardt: Gedicht, geschrieben am 11. Juni 1943 (unveröffentlicht) (Lore K.)

34 Brief an Lore Kipphardt vom 4. Juni 1943 (Lore K.)

35 Johannes Kaps (Hg.): Die Tragödie Schlesiens 1945/46. München (dtv) 1962. S. 11

36 300 Zeilen, S. 843

37 Ebd.

38 Angelsbruck, S. 79

39 Stücke 1, S. 338

40 Ebd., S. 346

41 Angelsbruck, S. 62

42 März, S. 115

43 Berliner Zeitung. 5. August 1952

44 Nacht Express. Die illustrierte Abendzeitung. 17. März 1952

45 Deutsches Theater. Bericht über 10 Jahre. Berlin (Henschel) 1957. S. 5

46 Schreibt die Wahrheit. In: Theater der Zeit. H. 5. 1954, S. 1

47 Ebd., S. 5

48 Stücke 1, S. 9

49 Ebd., S. 338

50 Ilse Splittmann und Karl Wilhelm Fricke (Hg.): 17. Juni 1953. Arbeiteraufstand in der DDR. Köln (Verlag Wissenschaft und Politik) 1972 (Edition Deutschland Archiv), S. 41

51 Jürgen Rühle: Der 17. Juni und die Intellektuellen. In: Splittmann/ Fricke, a. a. O., S. 163

52 Theater der Zeit. H. 3, 1953

53 Rühle, a. a. O., S. 159

54 Ebd., S. 160

55 Bertolt Brecht: Nicht feststellbare Fehler der Kunstkommission. In: Bertolt Brecht: Gesammelte Werke. Bd. 10. Frankfurt a. M. (Suhrkamp) 1967. S. 1007

56 Rudolf Wessely: Über das Komische. In: Theater der Zeit. H. 8. 1953. S. 27–29

57 Der Schauspieler Ernst Busch. In: Deutsches Theater. Bericht über 10 Jahre. Berlin (Henschel) 1957. S. 192

58 Brief an Piscator vom 6. Juli 1955

59 Ebd.

60 Vgl. Manfred Jäger: Kultur und Politik in der DDR. Ein kritischer Abriß. Köln (Verlag Wissenschaft und Politik) 1982 (Edition Deutschland Archiv), S. 78–79

61 Heinrich Peters und Michael Töteberg: Heinar Kipphardt. In: Heinz Ludwig Arnold (Hg.): Kritisches Lexikon zur deutschsprachigen Gegenwartsliteratur. München (Edition Text + Kritik)

62 Schreiben Kipphardts an die Behörden der Bundesrepublik nach seiner Umsiedlung (Pia K.)

63 Der Spiegel. 15. April 1959

64 Sonntag. 19. Januar 1958

65 Vgl. Heinz Kersten. In: Der Tagesspiegel. 25. März 1959

66 Stücke 1, S. 338–339

67 Brief an die Redaktion der «Welt» vom Oktober 1959 (Pia K.)

68 Brief an Heinrich Kilger vom 2. März 1960 (Kilger)

69 Brief an Piscator vom 12. Februar 1960

70 Brief an Piscator vom 1. Juli 1959

71 Brief an Heinrich Kilger vom 2. März 1960 (Kilger)

72 Brief an Heinrich Kilger vom 26. Januar 1962 (Kilger)

73 Stücke 1, S. 179

74 Ebd., S. 239

75 Deutsche Zeitung. 6. April 1962

76 Klaus Harro Hilzinger: Die Dramaturgie des dokumentarischen Theaters. Tübingen (Max Niemeyer Verlag) 1976. S. 19

77 März, S. 23

78 Der Mann, S. 133–134

79 Vgl. Alexander und Margarete Mitscherlich: Die Unfähigkeit zu trauern. Grundlagen kollektiven

Verhaltens. München (Piper) 1968

80 Stücke 1, S. 355

81 Brief an Pia Pavel vom 11. Oktober 1962 (Pia K.)

82 Stücke 1, S. 341

83 Brief an Heinrich Kilger vom 12. Dezember 1960 (Kilger)

84 Stücke 1, S. 357

85 Ebd., S. 301

86 Rainer Hartmann: Das Gewissen spielt die Hauptrolle. In: Kölner Stadtanzeiger. 19. November 1982

87 Stücke 1, S. 341–342

88 *Wahrheit wichtiger als Wirkung.* In: Die Welt. November 1964

89 Brief an Oppenheimer vom 24. Oktober 1964 (Pia K.)

90 Stücke 1, S. 334–335

91 Bertolt Brecht: Leben des Galilei. In: Bertolt Brecht: Gesammelte Werke. Bd. 3. Frankfurt a. M. (Suhrkamp) 1967. S. 1341

92 Peter Szondi: Theorie des modernen Dramas (1880–1950). Frankfurt a. M. (Suhrkamp) 1973 (edition suhrkamp 27). S. 115

93 Bertolt Brecht: Anmerkungen zur Oper «Aufstieg und Fall der Stadt Mahagonny», a.a.O., Bd. 17, S. 1004–1016

94 Bertolt Brecht: Über eine nichtaristotelische Dramatik, a.a.O., Bd. 15, S. 293

95 Erwin Piscator über Theater. Gespräch mit Angélica Hafner für die Zeitschrift Théâtre populaire. In: Erwin Piscator. Theater der Auseinandersetzung. Frankfurt a. M. (Suhrkamp) 1977 (edition suhrkamp 883). S. 84–85

96 Stücke 1, S. 343

97 Deutsche Volkszeitung. 15. Oktober 1981

98 Stücke 1, S. 298

99 Stücke 2, S. 347

100 Vgl. Martin Walser: Erfahrung und Leseerfahrung. Frankfurt a. M. (Suhrkamp) 1965 (edition suhrkamp 109). S. 66–93

101 Der Spiegel. 15. Mai 1967

102 Stücke 1, S. 350

103 Brief an Piscator vom 4. Dezember 1964

104 Stücke 1, S. 338

105 Aufführungsprotokolle zu *Oppenheimer,* Archiv des Berliner Ensembles Berlin (DDR)

106 Brief von Manfred Wekwerth an Dr. Peter Hess vom 20. April 1965. Archiv des Berliner Ensembles

107 Peter Goodchild: J. Robert Oppenheimer. Zürich (Buchclub Ex Libris) 1984. S. 258

108 Neues Deutschland. Berliner Ausgabe. 14. April 1965

109 Unveröffentlichtes Gedicht vom 20. November 1980 (Pia K.)

110 Der Spiegel. 15. Mai 1967

111 Hellmuth Karasek: Gespräch mit Heinar Kipphardt. In: Volksbühnenspiegel. 6. Juni 1967

112 Die Zeit. 19. Mai 1967

113 Stücke 2, S. 349

114 Ebd.

115 Dietmar N. Schmidt: Analysen der unbewältigten Realität. In: Frankfurter Rundschau. 19. Dezember 1969

116 Vgl. Peter von Becker und Michael Merschmeier im Gespräch mit Franz Xaver Kroetz. In: Theater 1985 (Jahrbuch der Zeitschrift «Theater heute»), S. 72–87

117 Benjamin Henrichs. In: Die Zeit. 26. November 1982

118 Angelsbruck, S. 48

119 Günter Grass: Politisches Tagebuch. In: Süddeutsche Zeitung. 30. April 1971

120 Die Zeit. 25. Juni 1971

121 Stücke 1, S. 345–346

122 Süddeutsche Zeitung. 15./16. Mai 1971

123 Stücke 1, S. 348

124 Ebd., S. 347

125 Pariser Kurier. 1. Juni 1973

126 Vgl. Leo Navratil: a+b leuchten im Klee. Psychopathologische Texte. München (Hanser) 1971 (Reihe Hanser 68)

127 AZ. 15. Oktober 1980

128 Frankfurter Rundschau. 3. Juli 1975

129 *Rapp*-Fragment, Manuskript (Pia K.)

130 *Rapp*-Fragment, Manuskript (Pia K.)

131 Statement Kipphardts («Bücher beim Wort genommen»), Manuskript (Pia K.)

132 Unveröffentlichter Traum, 1982 (Pia K.)

133 Elisabeth Endres: Heinar Kipphardts Durchbruch. In: Merkur 1976. Heft 339

134 März, S. 170

135 Der Mann, S. 117–118

136 Widmungsexemplar für Pia Kipphardt (Pia K.)

137 Der Mann, S. 222

138 März, S. 149

139 Frankfurter Rundschau. 20. Dezember 1976

140 Der Abend. 1. Juni 1976

141 Stücke 2, S. 361

142 Martin W. Lüdke: Der Wahnsinn in der Wirklichkeit. In: Die Zeit. 14. April 1978

143 Angelsbruck, S. 152

144 Rudij Bergmann: Wie weiter in der AutorenEdition? In: die tat. 24. November 1978

145 Traum, S. 7

146 Ebd., S. 67

147 Ebd., S. 6–7

148 Leon L. Altmann: Praxis der Traumdeutung. Frankfurt a. M. (Suhrkamp) 1981 (Literatur der Psychoanalyse). S. 19

149 Vgl. Walter Hinck: Neuer Kipphardt dringend gesucht. In: Frankfurter Allgemeine Zeitung. 8. März 1982

150 Bergmann, a. a. O.

151 Der Mann, S. 222

152 Ebd., S. 188

153 Henrichs, a. a. O.

154 Ebd.

155 Angelsbruck, S. 25

156 *Unordentliche Gedanken zu der Hamburger Aufführung.* In: Programmheft des Deutschen Schauspielhauses Hamburg. November 1977

157 *Es gibt so viele Leichen in unserem Beruf.* In: Münchener Theaterzeitung. Nr. 2. 1981

158 Heinz Brüggemann u. a.: Über den Mangel an politischer Kultur in Deutschland. Berlin (Wagenbach) 1978 (Politik 83). S. 97

159 Kipphardt (Hg.): *Aus Liebe zu Deutschland. Satiren zu Franz Josef Strauß.* München (Autoren-Edition) 1980. S. 5

160 Süddeutsche Zeitung (Lokalteil, Landkreis Erding). 23. Juni 1980

161 Brief an die Mitglieder des Dortmunder Schauspielensembles vom 23. September 1982 (Pia K.)

162 Lüdke, a. a. O.

163 Brief an George Tabori vom 1. September 1978 (Pia K.)

164 Vgl. Jochen von Lang: Das Eichmann Protokoll. Tonbandaufzeichnungen der israelischen Verhöre. Nachwort von Avner W. Less. Berlin (Severin und Siedler) 1982
William W. Hull: Kampf um eine Seele. Gespräche mit Eichmann in der Todeszelle. Wuppertal (Verlag Sonne und Schild) 1964
Istvan S. Kulcsar, Shoshanna Kulcsar und Lipot Szondi: Adolf Eichmann and the Third Reich. In: Crime, Law and Corrections. Springfield / Illinois 1966

165 Kipphardt im Programmheft des Deutschen Theaters zu *Bruder Eichmann.* Berlin (DDR) 1983

166 Ebd., S. 220

167 Ebd., S. 216

168 Vgl. Arendt: Eichmann in Jerusalem, a. a. O.

169 Brief an George Tabori vom 1. September 1978 (Pia K.)

170 Ronald D. Laing: Phänomenologie der Erfahrung. Frankfurt a. M. (Suhrkamp) 1967 (edition suhrkamp 314), S. 68

171 Stücke 1, S. 353

172 Deutsche Volkszeitung. 6. Oktober 1967

173 Rolf Hochhuth: Er hätte nie Arzt werden können ... In: Weltwoche. 26. Januar 1983

174 Thomas Mann. Bruder Hitler. In: Politische Reden und Schriften 3. Frankfurt a. M. (S. Fischer) 1968 (Moderne Klassiker 118), S. 53–54

175 Andreas Rossmann: Genosse Eichmann. In: Frankfurter Rundschau. 27. August 1984

176 Angelsbruck, S. 174

Zeittafel

1922	Heinrich Mauritius Kipphardt wird am 8. März als einziger Sohn des Zahnarztes Heinrich Kipphardt und seiner Frau Elfriede Kipphardt, geb. Kaufmann, in Heidersdorf (Schlesien) geboren. Umzug der Familie nach Gnadenfrei (Schlesien)
1928–1932	Besuch der Volksschule in Gnadenfrei, danach besucht Kipphardt verschiedene Gymnasien
1933	KZ-Internierung des Vaters
1936	Kipphardt zieht nach Duisburg
1937	Kipphardt zieht nach Krefeld
1940	Abitur in Krefeld. – Arbeitsdienst bei Karlsbad und in Günzburg/Donau
1941–1942	Studium der Medizin in Bonn, Köln und Düsseldorf
1942	Kipphardt wird zum Kriegsdienst an der Ostfront eingezogen
1943	Eheschließung mit Lore Hannen. Geburt der Tochter Linde
1945	Kipphardt desertiert und versteckt sich im Siegerland Arzt im Amerikanischen Krankenhaus. Kipphardt zieht mit seiner Familie nach Krefeld
1945–1947	Studium an der Medizinischen Akademie Düsseldorf
1947	Staatsexamen
1947–1949	Assistenzarzt an den Städtischen Krankenanstalten Krefeld und in der psychiatrischen Klinik Düsseldorf-Grafenberg
1949	Umsiedlung in die DDR Erste Veröffentlichung: *Es ist noch nicht zu Ende* (Gedicht)
1949–1950	Assistenzarzt an der Charité in Ost-Berlin, Fachrichtung Psychiatrie
1950	Verleihung des Doktorgrades der Medizinischen Akademie Düsseldorf Geburt des Sohnes Jan
1950–1959	Dramaturg am Deutschen Theater in Ost-Berlin
1951	Erste Erzählungen: *Fremd stirbt ein junger Bruder. Späte Erkenntnis*
1952	Uraufführung von Kipphardts erstem Stück: *Entscheidungen*
1953	Uraufführung: *Shakespeare dringend gesucht* Nationalpreis der DDR
1956	Uraufführung: *Der Aufstieg des Alois Piontek*
1957	Erzählung: *Der Hund des Generals*
1958	Kipphardt kündigt am Deutschen Theater
1959	Arbeitsaufenthalt am Düsseldorfer Schauspielhaus Übersiedlung der Familie in die Bundesrepublik
1960	Die Familie zieht nach Büderich bei Düsseldorf

1961	Uraufführung: *Die Stühle des Herrn Szmil.*
	Umzug nach München.
	Lektorenvertrag für Fernsehbearbeitungen bei Bertelsmann
1962	Uraufführung: *Der Hund des Generals.*
	Schiller-Gedächtnispreis
1963	Pia Pavel und Heinar Kipphardt leben fortan zusammen.
	Erstes Fernsehspiel: *Bartleby* (nach Melville)
1964	Erzählung: *Die Ganovenfresse*
	Fernsehspiel: *In der Sache J. Robert Oppenheimer*
	Uraufführung: *In der Sache J. Robert Oppenheimer*
	Gerhart-Hauptmann-Preis.
	Fernsehpreis der Deutschen Akademie der darstellenden Künste, Frankfurt a. M.
	Kritiker-Preis beim Internationalen Fernseh-Festival, Prag
	Adolf-Grimme-Preis des deutschen Volkshochschulverbandes und Hauptpreis der Jury der Fachpresse
	Fernsehspiel: *Die Geschichte von Joel Brand*
	Fernsehspiel: *Der Hund des Generals*
1965	1. Fernsehpreis der DAG
	Uraufführung: *Joel Brand. Die Geschichte eines Geschäfts*
	Premiere: *In der Sache J. Robert Oppenheimer* am Berliner Ensemble in Ost-Berlin
	Kauf der Mühle in Angelsbruck bei Erding (Oberbayern)
1966	Geburt des Sohnes Franz
1967	Uraufführung: *Die Nacht, in der der Chef geschlachtet wurde*
1968	Uraufführung: *Die Soldaten* (nach J. M. R. Lenz)
1969	Geburt des Sohnes Moritz
1970–1971	Chefdramaturg an den Münchener Kammerspielen
1970	Uraufführung: *Sedanfeier*
1971	Kammerspiel-Skandal um das Programmheft «Der Dra-Dra» von Wolf Biermann
	Der Vertrag an den Kammerspielen wird nicht verlängert
	Eheschließung mit Pia Pavel
1972	Die Familie zieht nach Angelsbruck
1975	Fernsehspiel: *Leben des schizophrenen Dichters Alexander März*
	Tod der Mutter (geb. 1899)
	Film- und Fernsehpreis des Verbandes der Ärzte Deutschlands (Hartmannbund)
1976	Prix Italia
	Roman: *März*
1977	Erzählung: *Der Deserteur*
	Neufassung: *In der Sache J. Robert Oppenheimer*
	Erster Lyrikband: *Angelsbrucker Notizen*
	Fernsehspiel: *Die Soldaten* (nach J. M. R. Lenz)
	Kipphardt wird Mitherausgeber der «AutorenEdition»
	Literaturpreis der Freien und Hansestadt Bremen, Rudolf-Alexander-Schröder-Stiftung (zusammen mit Nicolas Born)
	Arbeitsstipendium: «Auswärtige Künstler zu Gast in Hamburg»
	Tod des Vaters (geb. 1897)

1978	Romanfragment: *Rapp, Heinrich*
1979	Fernsehspiel: *Die Nacht, in der der Chef geschlachtet wurde*
	Fernsehspiel: *Die Stühle des Herrn Szmil*
1980	Uraufführung: *März, ein Künstlerleben*
1981	*Traumprotokolle*
	Fernsehspiel: *In der Sache J. Robert Oppenheimer* (Neufassung)
1982	Schauspiel: *Bruder Eichmann*
	Am 18. November stirbt Heinar Kipphardt in einem Münchener Krankenhaus
	Am 23. November Beisetzung auf dem Friedhof Reichenkirchen
1983	Uraufführung: *Bruder Eichmann*

Zeugnisse

Günther Cwodjdrak

Zweifellos hat Kipphardts Lustspiel [*Shakespeare dringend gesucht*] wesentliche künstlerische Qualitäten, mehr noch: es ist ein wirklicher Vorstoß in Neuland, das den meisten unserer Autoren bisher zu unsicher und zu gefahrvoll erschien. Kipphardts Lustspiel ist der erste Beitrag zur zeitgenössischen Satire auf unser Theater und auf unserem Theater. Viel wurde bei uns, vor allem seit dem XIX. Parteitag der KPdSU, über die Notwendigkeit der Satire gesprochen – Kipphardt hat eine solche Satire geschrieben.

«Neue Deutsche Literatur», November 1953

Helmuth de Haas

Der neue Mitdramaturg des Düsseldorfer Schauspielhauses, der einen wirklich erfreulichen und glaubwürdigen Eindruck macht, hat es nicht einfach im Westen. Benähme er sich wie ein Chamäleon, würde man ihm das ankreiden, es verübeln. Träte er mit dem Vokabular der «DDR» auf, man würde es ihm genauso verübeln und ankreiden. Das ist die Lage...

«Die Welt», 1. Oktober 1959

Arnold Zweig

Seit *Shakespeare dringend gesucht* ist mir Ihre Person als überaus wünschenswerte Bekanntschaft präsent geblieben – aber jetzt, seit Ihrer außerordentlichen Fernsehleistung *Die Geschichte von Joel Brand,* muß ich Ihnen voll Bewunderung die Hand drücken und immer wieder sagen: You have acquired merit. Sicherlich kennen Sie Kiplings wundervollen «Kim», in welchem der tibetanische Lama solche Worte als höchste Dankesformel ausspricht. Im Gefolge meiner Frau, der Malerin Beatrice Zweig, lasse ich mich gelegentlich an den Bildschirm locken, obwohl meine Augen nur unvollkommene Eindrücke von dem vermitteln, was er zeigt. Aber Ihr Oppenheimer-Dokument hat uns beide ebenso von Anfang bis zu Ende gefesselt, und das gleiche erlebte ich jetzt bei Ihrem Joel Brand, der ja versuchte, ungarische Juden vor Eichmann zu retten, während wir in Haifa aus Nachrichten die Ereignisse dieser Rettungsversuche verfolgten. Daß das Fernsehen jetzt solche Aufklärungen in verschiedenste Häuser trägt, macht diese Erfindung auch unsereinem teuer, der sonst ja daran gewöhnt ist, aus vorgelesenen Büchern und Manuskripten Geistesnahrung zu ziehen.

Brief an Heinar Kipphardt vom 1. Dezember 1964

Robert Oppenheimer
Sehr geehrter Herr Dr. Kipphardt.
Im Laufe der Zeit und nachdem ich mich mit einigen Freunden, die mit den verschiedenen Versionen des «Falles» vertraut sind, beraten habe, habe ich heute das Gefühl, daß ich unangemessen schroff und unfreundlich gewesen bin, als ich Ihnen vor einem Jahr geschrieben habe. Zweifellos wäre es mir lieber, wenn es überhaupt kein Stück gäbe. Die Gründe meiner Vorbehalte erscheinen mir immer noch zutreffend, etwa die Stelle über Bohr, die Sie herausgenommen, und das Schlußwort, das Sie mir in den Mund gelegt haben. Doch bin ich sicher, daß Sie mich mit diesem und auch mit anderen Stellen nicht persönlich verletzen wollten.

Mein Wunsch wäre, niemals mit der Sache befaßt gewesen zu sein. Wie ich es war, brauche ich Ihnen nicht zu schildern.

Aber vor allem wäre es mir lieber, ich hätte mit größerer Zurückhaltung und Freundlichkeit geschrieben.

Brief an Heinar Kipphardt vom 16. Dezember 1965

Peter Hacks
Lieber Heinar, die tugendhaften Kannibalen haben mir sehr viel besser gefallen als – wie ich doch stark vermute – mein Aufsätzlein Dir. Das ist nicht nur ein schöner Titel, das wird ein schöner Roman. Das Phänomen KZ kann natürlich nicht ausschließlich mit ökonomischen Kategorien begriffen werden (da sind ja noch rein politische Zwecke); aber wahr ist, daß, wären KZs nicht auch ein Teil der Ökonomie des Imperialism, sie im Imperialism eben nicht hätten existieren können. Diese nie beschriebene conditio sine qua non zu beschreiben: präzis, durchsichtig, elegant, aufregend und sehr komisch, – das ist ein großes Verdienst, und wenn ich, wie Du weißt, *Hund* für das beste deutsche Kriegsbuch halte, könnten die *Kannibalen* das beste KZ-Buch werden.

Brief an Heinar Kipphardt vom 28. Oktober 1966

Elisabeth Endres
Vor allem aber steht für den Begriff Dokumentarliteratur der Name von Heinar Kipphardt, dessen Stück *In der Sache J. Robert Oppenheimer* 1964 uraufgeführt wurde: es kam formal und inhaltlich einem Fanal gleich, schlüssiger, konsequenter, einleuchtender als Hochhuth und dem dokumentierenden Peter Weiss um ein Jahr voraus.

«Merkur», August 1976

Gottfried von Einem

Ein bedrohliches Buch haben Sie mit dem *März* geschrieben. Mit seelischen Fäustlingen machte ich mich wieder und wieder, widerstrebend, aber bezwungen an die Lektüre.

Ob nicht an diesen scheinbar wirren Kurven, die Ihre Figuren emanieren, Gott entsteht? Ob diese mit Sendefühlern begabten Gedichte nicht Sonnenbatterien ungebrochen, unreflektierten Geistes sind?

...Ich habe ein Klavierkonzert, Arietten für Klavier und Orchester betitelt, verfaßt und soll nun mein 2. Streichquartett schreiben. Die Noten fletschen geschliffene Zähne, und jeder Rhythmus ist eingefroren.

Brief an Heinar Kipphardt vom 7. Juli 1977

George Tabori

Warum in Gottes- oder auch in Teufelsnamen haben Sie das Eichmann-Projekt aufgegeben? Nach allem, was ich davon gelesen habe, scheint es das beste Gegenmittel zur Neuen Hitler-Welle zu sein: der Faschismus wird als normal und präsent gezeigt, statt ihn in dämonischer Vergangenheit zu belassen... Worüber ich mich jedoch ein wenig wundere, ist die Steinbeck-Analogie: ich kannte ihn und mochte ihn nicht, ein typisches Beispiel dafür, wie der Erfolg ein kleines Talent verdirbt; in seinen letzten Jahren war er blöde vom Alkohol und beinahe so garstig wie der sterbende Hemingway. Es gibt in den Staaten wesentlich interessantere, wenn auch nicht so berühmte, Brüder Eichmann.

Brief an Heinar Kipphardt, ca. Juli 1978

Herbert Begemann

Sie haben in den vielen Jahren, in denen ich Ihren Lebensweg verfolge – längst bevor ich Sie persönlich kannte –, immer wieder persönlichen Mut und geistige Unabhängigkeit bewiesen, wie das heutzutage höchst selten ist. Sie sind, ohne Berührungsängste mit derzeit unbeliebten politischen Gruppierungen zu scheuen, Ihren eigenen Weg gegangen, dessen Ziel immer nur die Verwirklichung einer allen zugute kommenden Humanität sein konnte. Selten habe ich bei einem Künstler eine derartig geglückte Einheit von Person und Werk gesehen wie bei Ihnen.

Brief an Heinar Kipphardt vom 6. März 1982

Günther Rühle

Kipphardt war Materialist, insofern er die Verhältnisse als die prägende Kraft für unser Handeln und Denken anerkannte, aber er war Idealist in der Folgerung, daß die Verhältnisse deswegen andere werden müßten. Es war die Einsicht des Psychiaters, der zur Heilung der Verstörung zunächst die Bedingungen der Umwelt verändern will, die die Schäden verursachen.

«Frankfurter Allgemeine Zeitung», 19. November 1982

«Briefe schreibt er ...

... als hätten sie ihm die Musen selbst diktiert», bemerkt Plinius in einem solchen an Priscus und meint damit einen gewissen Voconius Romanus. Die lobende Erwähnung ist sicher ehrenhaft, ein Autorenhonorar wird dabei nicht herausgekommen sein.

Mit anderen Briefen läßt sich garantiert Geld verdienen, und sie haben außerdem den Vorzug, bereits gedruckt zu sein.

Peter Iden

Manche gibt es, und es sind die, auf die es ankommt, die wollen nicht aufhören zu fragen. Sie gewöhnen sich nicht, wollen nicht teilhaben an den sorglos getroffenen Vereinbarungen der anderen, widerstehen den falschen Übereinkünften. Wenn wir ihnen begegnen, macht ihr Beharren auf das Recht des Zweifels uns wacher, empfindlicher für die Widersprüche der Verhältnisse, in denen wir uns eingerichtet haben in Ruhe. Es kann sein, wir sind nachher, wie jene selbst, hier weniger zu Hause, unruhig.

So einer war Heinar Kipphardt. Manchmal in den Diskussionen des Kulturbetriebs nahm er plötzlich das Wort und sagte die Wahrheit.

«Frankfurter Rundschau», 20. November 1982

Gerd Fuchs

In die Auseinandersetzungen einer Epoche brachte er nicht nur seinen Kopf, sondern seine gesamte Existenz ein. Gegen den Faschismus ums Überleben kämpfend und um seinen «anderen Entwurf von Menschlichkeit», trieb es ihn aus der Republik der Globkes und Oberländers in das andere Deutschland und wieder zurück zu uns in neue Kämpfe. So wie bei Alfred Andersch und Peter Weiss wird kein Biograph sein Leben nachzeichnen können, ohne die letzten fünfzig Jahre deutscher Geschichte mitbeschreiben zu müssen.

«Wespennest», Heft 50, 1983

Bibliographie

Eine Bibliographie ausgewählter Werke Kipphardts findet sich im «Kritischen Lexikon zur deutschsprachigen Gegenwartsliteratur» («KLG»), Herausgeber: Heinz Ludwig Arnold, Verlag: Edition Text + Kritik, München, unter dem Stichwort «Heinar Kipphardt» (bearbeitet von Heinrich Peters und Michael Töteberg). Dort auch der Nachweis der einschlägigen Sekundärliteratur, vor allem ausgewählter Rezensionen, die hier weitgehend unberücksichtigt blieben.

1. Werke

1.1 Werkausgabe

Gesammelte Werke in Einzelausgaben. Hg. von Uwe Naumann. Unter Mitarbeit von Pia Kipphardt. Reinbek (Rowohlt) 1986f

1.2 Buchpublikationen

Shakespeare dringend gesucht. Ein satirisches Lustspiel in drei Akten. Berlin (Henschel) 1954
Der Aufstieg des Alois Piontek. Eine tragikomische Farce. Berlin (Henschel) 1956
Der Hund des Generals. Schauspiel. Frankfurt a. M. (Suhrkamp) 1963 (edition suhrkamp 14)
Die Ganovenfresse. München (Rütten & Loening) 1964 – Neuausg.: Reinbek (Rowohlt) 1966 (rororo 866)
In der Sache J. Robert Oppenheimer. Frankfurt a. M. (Suhrkamp) 1964 (edition suhrkamp 64) [Die 1.–4. Auflage stützt sich auf den Text des Fernsehspiels, spätere Auflagen folgen dem Text des gleichnamigen Schauspiels. Ab der 17. Auflage nochmalige Textkorrekturen]
Joel Brand. Die Geschichte eines Geschäfts. Frankfurt a. M. (Suhrkamp) 1965 (edition suhrkamp 139)
Die Soldaten. Nach J. M. R. Lenz. Bearbeitung. Frankfurt a. M. (Suhrkamp) 1968 (edition suhrkamp 273)
In der Sache J. Robert Oppenheimer. Die Soldaten. Frankfurt a. M. (S. Fischer) 1971 (Fischer Taschenbuch 7013)
Stücke I (Shakespeare dringend gesucht; Die Stühle des Herrn Szmil; Der Hund des Generals; In der Sache J. Robert Oppenheimer). Frankfurt a. M. (Suhrkamp) 1973 (edition suhrkamp 659)
Stücke II (Joel Brand. Die Geschichte eines Geschäfts; Die Nacht, in der der Chef geschlachtet wurde; Die Soldaten; Sedanfeier). Frankfurt a. M. (Suhrkamp) 1974 (edition suhrkamp 677)

März. Roman. München (Bertelsmann AutorenEdition) 1976 – Neuausg.: Reinbek (Rowohlt) 1978 (rororo 4259). Als Lizenzausgabe: Berlin/Weimar (Aufbau) 1977

Leben des schizophrenen Dichters Alexander M. Ein Film. Berlin (Wagenbach) 1976 (Quarthefte 78)

HAP Grieshaber: Engel der Psychiatrie. Farb- und Schwarzweiß-Holzschnitte. Texte von Heinar Kipphardt. Düsseldorf (Claassen) 1976 (Engel der Geschichte 23)

Angelsbrucker Notizen. Gedichte. Mit 10 Tuschzeichnungen von HAP Grieshaber. München (Bertelsmann AutorenEdition) 1977 – Neuausg.: Reinbek (Rowohlt) 1985 (rororo 5605)

Der Mann des Tages und andere Erzählungen. München (Bertelsmann Autoren-Edition) 1977 – Neuausg.: Reinbek (Rowohlt) 1981 (rororo 4083)

Theaterstücke. Band 1 (Shakespeare dringend gesucht; Der Aufstieg des Alois Piontek; Die Stühle des Herrn Szmil; Der Hund des Generals; In der Sache J. Robert Oppenheimer und ein Interview, das Armin Halstenberg mit Kipphardt führte). Köln (Kiepenheuer & Witsch) 1978 – Neuausg.: In der Sache J. Robert Oppenheimer. Theaterstücke. Reinbek (Rowohlt) 1982 (rororo 5043)

Zwei Filmkomödien. Die Nacht, in der der Chef geschlachtet wurde. Die Stühle des Herrn Szmil. Königstein/Ts. (Athenäum AutorenEdition) 1979

März, ein Künstlerleben. Schauspiel. Köln (Kiepenheuer & Witsch) 1980

Theaterstücke. Band 2 (Joel Brand; Die Nacht, in der der Chef geschlachtet wurde; Soldaten; Sedanfeier; März, ein Künstlerleben). Köln (Kiepenheuer & Witsch) 1981

Traumprotokolle. München (Athenäum AutorenEdition) 1981 – Neuausg.: Reinbek (Rowohlt) 1986 (rororo 5818)

Theaterstücke. Eine Auswahl (Der Hund des Generals; In der Sache J. Robert Oppenheimer; Joel Brand. Die Geschichte eines Geschäfts; Die Soldaten; Die Nacht, in der der Chef geschlachtet wurde; März, ein Künstlerleben). Berlin/Weimar (Aufbau) 1982

Bruder Eichmann. Schauspiel. Reinbek (Rowohlt) 1983 (das neue buch) – Neuausg.: Reinbek (Rowohlt) 1986 (rororo 5716) Als Lizenzausgabe: Berlin, DDR (Henschel) 1984

1.3 Herausgegebene Werke

Kaiser, Georg: Der Zentaur. Mit einer Einführung von Heinar Kipphardt. In: Neue Deutsche Literatur. 1955. H. 6. S. 109–113

Aus Liebe zu Deutschland. Satiren auf Franz Josef Strauß. Hg. von Heinar Kipphardt, Mitarbeit Ewald Dede. München (AutorenEdition) 1980

Vom deutschen Herbst zum bleichen deutschen Winter. Ein Lesebuch zum Modell Deutschland. Hg. von Heinar Kipphardt, Mitarbeit Roman Ritter. München (AutorenEdition) 1981

1.4 Beiträge in Sammelwerken, Zeitschriften etc.
(Die Veröffentlichungen in diversen Programmheften werden nicht berücksichtigt)

Es ist noch nicht zu Ende. Gedicht. In: Ost und West. 1949. H. 12. S. 102

Mitten in diesem Jahrhundert. Gedicht. In: Aufbau. 1950. H. 7. S. 641

Gesang von der Hoffnungslosigkeit einer Stadt die ein Gleichnis war (Warschau im Januar 1943). Gedicht. In: Sinn und Form. 1950. H. 2. S. 91–94

Wolfgang Langhoff. In: Aufbau. 1951. S. 954–956

Schweigen macht schuldig. Gedicht. In: Heute und Morgen. 1951. S. 411

Gedichte. In: Neue deutsche Lyrik. Berlin (Aufbau) 1951. S. 63–73

Ein Drittel der Erde. Gedicht. In: Aufbau. 1951. H. 8. S. 748–749

Fremd stirbt ein junger Bruder. Späte Erkenntnis. In: Neue deutsche Erzähler. Berlin (Aufbau) 1951. S. 337–362

Alphabet des Schmerzes. In unseren Schlachthöfen zu singen. Meine Saison im Gefängnis einer verlorenen Zeit. In: Neue Deutsche Lyrik. Berlin (Aufbau) 1951. S. 61–73

Wir sind nicht geboren, um einander totzuschlagen. Eine Kurzgeschichte aus unseren Tagen. In: Heute und Morgen. 1952. S. 180–184

Gesang vom Elend und Ruhm der großen Stadt Berlin. Gedicht. In: Sinn und Form. 1952. H. 4. S. 80–81

300 Zeilen Leben. In: Börsenblatt für den Deutschen Buchhandel 1953. H. 40. S. 842–844

Varianten einer Szene (zu: Shakespeare dringend gesucht). In: Theater der Zeit. 1953. H. 9. S. 15–23

Im Westen wenig Neues. Notizen von einer Reise nach Westdeutschland. In: Neue Deutsche Literatur. 1953. H. 11. S. 108–115

Der Volksdichter Johann Nestroy. In: Theater der Zeit. 1953. H. 4. S. 38–40

Drei Gedichte. – Als ich ein Junge war . . . Nocturno (Paul Eluard). Nikos Belojannis. In: Neue Deutsche Literatur. 1953. H. 3. S. 126–127

Bemerkungen zu einem Gedicht (Nocturno). In: Neue Deutsche Literatur. 1953. H. 6. S. 190–191

Von 1945 bis 1953. In: Siebzig Jahre Deutsches Theater. Berlin 1953. S. 22–23

Zur Frage des Typischen im Drama. In: Theater der Zeit. 1953. H. 3. S. 2–5

Drei Gedichte – Von einer Schwierigkeit des Gesanges. Den Predigern des Hauses. Die Mütter. In: Heute und Morgen. 1954. S. 398–399

Auschwitz 1953. Requiem für 4 Millionen. Gedicht. In: Neue Deutsche Literatur. 1954. H. 4. S. 80

Schreibt die Wahrheit. In: Theater der Zeit. 1954. H. 5. S. 1–5

Der staunenswerte Aufstieg des Alois Piontek. Tragikomödie (1.–3. Akt). In: Neue Deutsche Literatur. 1955. H. 10. S. 56–85

[Div. Beiträge.] In: Deutsches Theater. Bericht über zehn Jahre. Berlin (Henschel) 1957

Zu einigen Schwierigkeiten der kleinen Theater. In: Theater der Zeit. 1958. Nr. 1. S. 36–37

In der Sache J. Robert Oppenheimer. In: Spectaculum VII. Frankfurt a. M. (Suhrkamp) 1964. S. 197–280

Wahrheit ist wichtiger als Wirkung. Heinar Kipphardt antwortet auf J. R. Oppenheimers Vorwürfe. In: Die Welt. 11. November 1964

Kern und Sinn aus Dokumenten. In: Theater heute. 1964. H. 11. S. 63

Die Geschichte von Joel Brand. In: Hansjoerg Schmitthenner: Acht Fernsehspiele. München (Piper) 1966. S. 49–112

Die Tugend der Kannibalen. Aus einem Roman. In: Kürbiskern. 1966. H. 4. S. 37–53

Gedichte. In: Kürbiskern. 1967. H. 2. S. 64–67

Gedichte und Prosaskizzen. In: Literaturmagazin. 1977. Bd. 8. S. 243–248

Zergliederung einer Verstörung (Auszüge aus einem im Entstehen begriffenen Roman). In: Kontext 2. Geschichte und Subjektivität. Hg. von Marlis Gerhardt und Gert Mattenklott. München 1978

Gedichte. In: Tintenfisch. 1978. H. 13. S. 99

Gedichte. In: Kürbiskern. 1978. H. 4. S. 24–25

Bruder Eichmann. Protokolle, Materialien. In: Kursbuch. 1978. H. 51. S. 134–146

Rapp, Heinrich. Teile aus einem im Entstehen begriffenen Roman. In: An zwei Orten zu leben. Hg. von VERA BOTTERBUSCH und KLAUS KONJETZKY. Königstein/Ts. (Athenäum AutorenEdition) 1979

Gedichte. In: J. HANS. Lyrik-Katalog Bundesrepublik. 2. Auflage München 1979. S. 172–175

Gedichte. In: Jahrbuch für Lyrik 1. 1979. S. 19–20

Neun Gedichte. In: Akzente. 1979. H. 1/2. S. 25–27

Ein Pferd versinkt im Wiesenteich. Ein symbolischer Vorgang, aufgeschrieben von Rapp, Heinrich. In: Freibeuter. 1980. H. 3. S. 123–124

Die Abweichung hinter Mauern bringen. In: Der Spiegel. Nr. 16. 14. April 1980. S. 231–238

[Beitrag für:] «... neue Stücke in der neuen Saison – Autoren schildern ihre Situation.» In: Theater heute. 1980. Sonderheft. S. 8

Bruder Eichmann. Bericht des Pfarrers William Hull von Eichmanns Tod. In: UDO KLÜCKMANN: Nachstellungen (Bilder). Mit Texten von Klaus Heinrich, Helmut Heißenbüttel, Heinar Kipphardt, Alexander Kluge, Werner Kofler, Horst Kurnitzky. Hg. von HORST KURNITZKY. Berlin (Medusa) 1981

TV-Notiz: Die Gleichstellung vor dem Gesetz. Gedicht. In: Tintenfisch 1981. H. 20. S. 32

Gedichte. In: GERT HEIDENREICH (Hg.): Und es bewegt sich doch... Texte wider die Resignation. Frankfurt a. M. (S. Fischer) 1981 (Fischer Informationen zur Zeit). S. 26–28, 204–206

Gedichte. In: Akzente. 1982. H. 1. S. 89–90

Gedichte. In: Wespennest. 1983. H. 50. S. 4–5

Zergliederung einer Verstörung (Romanfragment, Auszug). In: Düsseldorfer Debatte. 1985. H. 2. S. 39–42

1.5 Übersetzungen

HIKMET, NAZIM: Und im Licht mein Herz. Gedichte. (Aus dem Türkischen. Nachdichtungen von Annemarie Bostroem, Stephan Hermlin, Heinar Kipphardt, Paul Wiens). Berlin (Rütten & Loening) 1971

1.6 Schallplatten

In der Sache J. Robert Oppenheimer. 2 Sprechplatten und Textbeilage mit Abbildungen. Hamburg (Deutsche Grammophon-Gesellschaft, Literarisches Archiv) 1965

BIERMANN, WOLF: Hälfte des Lebens. (CBS) 1979. (Biermann-Vertonungen von März-Gedichten)

2. Sekundärliteratur

ERPENBECK, FRITZ: Shakespeare dringend gesucht. In: Theater der Zeit. 1953. H. 8. S. 57–60

WIENS, PAUL: Zu Heinar Kipphardts Gedicht «Nocturno». In: Neue Deutsche Literatur. 1953. H. 6. S. 189

SCHRÖDER, MAX: Erfahrungen mit Zeitstücken. In: Aufbau. 1953. S. 623–631

Untersuchung eines Plagiatvorwurfs. (H. Kipphardt, Shakespeare dringend gesucht als Plagiat v. Irma Lengersdorff, Dichter und Dramatiker) In: Neue Deutsche Literatur. 1955. H. 2. S. 167–168

Höhle, Thomas: Es war kein Aufstieg. In: Tribüne. Berlin, DDR. 24. 2. 1956

Erpenbeck, Fritz: Der Aufstieg des Alois Piontek. In: Theater der Zeit. 1956. H. 4. S. 44–46

Haas, Helmuth de: Künstler kennen keine Zonengrenze. K. H. Stroux und sein neuer Mitarbeiter. In: Die Welt. 1. Oktober 1959

Jenny, Urs: In der Sache J. Robert Oppenheimer. Uraufführung von Heinar Kipphardts Stück in Berlin und München. In: Theater heute. 1964. H. 11. S. 22–25

Seelmann-Eggebrecht, Ulrich: Begegnung mit Heinar Kipphardt. In: Stuttgarter Leben. 1964. H. 5. S. 39

Rischbieter, Henning: Heinar Kipphardt: In der Sache J. Robert Oppenheimer. In: Theater heute. 1964. H. 3. S. 55

Nössig, Manfred: «In der Sache J. Robert Oppenheimer» von Heinar Kipphardt. In: Theater der Zeit. 1965. H. 2. S. 28–29

Rischbieter, Henning: In der Sache Vilar. In: Theater heute. 1965. H. 3. S. 41

Wekwerth, Manfred [u. a.]: Wissen um die Physiker. In: Theater der Zeit. 1965. H. 10. S. 21–23

Kaiser, Joachim: Kipphardt und die Fernsehverfremdung. In: Theater heute. 1965. H. 6. S. 44–46

Reich-Ranicki, Marcel: In der Sache Oppenheimer und Kipphardt. In: Reich-Ranicki, Literarisches Leben in Deutschland. München 1965. S. 246–250

Massberg, Uwe: Der gespaltene Mensch. Vergleichende Interpretation der Physiker-Dramen von Brecht, Dürrenmatt, Zuckmayer und Kipphardt auf der Oberstufe. In: Der Deutschunterricht 17. 1965. S. 56–74

Ammer, Sigrid: Das deutschsprachige Zeitstück in der Gegenwart. Dissertation. Köln 1966

Kowal, Michael: Kipphardt and the documentary theater. In: American-German review. 1966/67. H, 5. S. 20–30

Batt, Kurt: Ungewisser Tatbestand? Neue westdeutsche und Schweizer Prosa 1964. In: Neue Deutsche Literatur. 1966. H. 1. S. 91–117

Seyfarth, Ingrid: Eichmann auf der Szene. Kipphardts «Joel Brand» in Schwerin. In: Theater der Zeit. 1966. H. 3. S. 7–9

Dokumentartheater – und die Folgen. Beiträge von Hellmuth Karasek, Joachim Kaiser, Urs Jenny, Ernst Wendt und Richard Hey. In: Akzente. 1966. H. 3. S. 208–229

Rühle, Günter: Versuche über geschlossene Gesellschaft. Das dokumentarische Drama und die deutsche Gesellschaft. In: Theater heute. 1966. H. 10. S. 8–12

Wekwerth, Manfred. In: Wekwerth, Notate. Über die Arbeit des Berliner Ensembles 1956–1966. Frankfurt a. M. (Suhrkamp) 1967 (edition suhrkamp 219). S. 144–167

Wiebel, Martin: Das dramatische Werk von Heinar Kipphardt. In: Volksbühnenspiegel. 1967. H. 10/11. S. 12–14

Beckmann, Heinz: Kipphardt bearbeitet Lenz. In: Zeitwende 39. 1968. S. 716–718

Taëni, Rainer: Drama nach Brecht. Möglichkeiten heutiger Dramatik. Basel (Basilius Presse) 1968 (Theater unserer Zeit. Band 9). S. 128–138

Kügler, Hans: Dichtung und Naturwissenschaft. Einige Reflexionen zum Rollenspiel des Naturwissenschaftlers in: Brecht, Leben des Galilei; Dürrenmatt, Die Physiker; Kipphardt, In der Sache J. Robert Oppenheimer. In: Kügler, Weg und Weglosigkeit. Heidenheim 1970. S. 209–235

Thomsen, Christian W.: Die Verantwortung des Naturwissenschaftlers in Mary Shellys «Frankenstein» und Heinar Kipphardts «In der Sache J. Robert Oppenheimer». In: Literatur in Wissenschaft und Unterricht. 1971. H. 1. S. 16–26

Grass, Günter: Abschlußlisten. In: Süddeutsche Zeitung, 30. April 1971

Schmidt, Dietmar N: Die Stadt und ihr Theater. In: Die Deutsche Bühne. 1971. H. 6. S. 1–2

Carl, Rolf-Peter: Dokumentarisches Theater. In: Die deutsche Literatur der Gegenwart. Hg. von Manfred Durzak. Stuttgart (Reclam) 1971. S. 99–127

Kürbiskern-Redaktion: Säuberung: Astel, Kipphardt und andere. In: Kürbiskern 1971. H. 4. S. 681–684

Jenny, Urs: Heinar Kipphardt oder: Die Psychologie des faschistischen Menschen. In: Theater heute. Jahressonderheft 1972. S. 173–206

Onderdelinden, Sjaak: Fiktion und Dokument. In: Amsterdamer Beiträge zur neueren Germanistik. Bd. I. 1972. S. 173–206

Geiger, Heinz: Widerstand und Mitschuld. Düsseldorf (Bertelsmann Universitätsverlag) 1973. S. 52–54, 77–84, 150–153

Biermann, Wolf: Der Umweg über die Hauptstraße. In: konkret. 1976. H. 9. S. 49–50

Endres, Elisabeth: Heinar Kipphardts Durchbruch. In: Merkur. 1976. H. 339. S. 785–788

Hilzinger, Klaus Harro: Die Dramaturgie des dokumentarischen Theaters. Tübingen (Niemeyer) 1976. S. 16–25, 70–76

Wallmann, Juergen P.: Deformiert. In: Zeitwende 47. 1976. S. 252–253

Mayer, Hans: DDR 1956: Tauwetter, das keines war. In: Frankfurter Hefte. 1976. H. 11. S. 15–23

Schnabel, Dieter: Die schriftstellernden Mediziner. Heinar Kipphardt referiert bei seinen schreibenden Kollegen in Stetten. In: Baden Württemberg. 1977. H. 1. S. 50

Nehring, Wolfgang: Die Bühne als Tribunal. Das Dritte Reich und der Zweite Weltkrieg im Spiegel des dokumentarischen Theaters. In: Gegenwartsliteratur und Drittes Reich. Hg. von Hans Wagener. Stuttgart (Reclam) 1977. S. 69–94

McInnes, Edward: Jakob Michael Reinhold Lenz. Die Soldaten. Text, Material, Kommentar. München, Wien (Hanser) 1977. S. 131–135, 185–191

Blumer, Arnold: Das dokumentarische Theater der sechziger Jahre in der Bundesrepublik Deutschland. Meisenheim am Glan (Hain) 1977

Karsunke, Yaak: Lyrisches Logbuch. In: literatur konkret. 1977. H. 1. S. 57

Ingen, Ferdinand van: Heinar Kipphardt: In der Sache J. Robert Oppenheimer. Frankfurt a. M., Berlin, München (Diesterweg) 1978

Riewoldt, Otto F.: Von Zuckmayer bis Kroetz. Berlin (Erich Schmidt) 1978. S. 167–171

Lohr, Stephan: «...Literatur, die die Wahrheit nicht beschädigt». In: Praxis Deutsch. 1980. H. 39. S. 54–60

Höfer, Adolf: Das Gesunde und das Kranke. In: literatur für leser. 1980. H. 2. S. 116–128

Müller, Udo: Stundenblätter Lenz/Brecht: Der Hofmeister, Lenz/Kipphardt: Die Soldaten. Stuttgart (Klett) 1980

Pfäfflin, Friedemann: ein Nashorn erweist sich als wendig. In: literatur konkret. 1981. H. 6. S. 88

Volkmann, Silvia: Auf ideologischem Schlachtfeld. Heinar Kipphardt: «In der Sache J. Robert Oppenheimer». In: Walter Hinck (Hg.), Geschichte als Schauspiel. Frankfurt a. M. (Suhrkamp) 1981 (suhrkamp taschenbuch materialien. 2006). S. 322–339

BARTELHEIMER, LOTTE, und NUTZ, MAXIMILIAN: Materialien Heinar Kipphardt «In der Sache J. Robert Oppenheimer». Stuttgart (Klett) 1981

MILLER, NIKOLAUS: Prolegomena zu einer Poetik der Dokumentarliteratur. München (Fink) 1982. S. 243–255

SEILER, MANFRED: Aus dem Glaskasten. In: Theater heute. 1982. H. 4. S. 36–37

HASLINGER, JOSEF: Heinar Kipphardt, Traumprotokolle. In: Wespennest. 1982. H. 46. S. 55–56

BECKER, PETER VON: Kein Bruder Eichmann! In: Theater heute. 1983. H. 3. S. 1–3 Der Streit um Kipphardts «Bruder Eichmann». Dubios, brisant und spielbar – oder was? In: Theater heute. 1983. H. 4. S. 67–70

FUCHS, GERD: Gedenken an Heinar Kipphardt. In: Wespennest. 1983. H. 50. S. 2–4

BRUNKHORST, MARTIN: Die Rekonstruktion der Vergangenheit bei Heinar Kipphardt und Peter Shaffer. In: Der Deutschunterricht. 1984. H. 3. S. 51–59

DRAFZ, HELGE: Der Stempel der Kriegsgeneration. In: Literatur in Krefeld. 1985. H. 2. S. 8–9

DRAFZ, HELGE: Eine Jugend in Krefeld. Leben und frühes Schaffen Heinar Kipphardts 1937–1950. In: Krefelder Jahrbuch. 1985. S. 182–186

HÖFER, ADOLF: Heinar Kipphardts «Bruder Eichmann». Ein Lehrstück vom Funktionieren des Menschen. In: literatur für leser. 1985. H. 3. S. 171–181

HÖFER, ADOLF: Verstehen oder verurteilen. Das Dilemma der Faschismusdarstellung in moderner Dichtung. Eine Studie zu Werken Hans Werner Richters und Heinar Kipphardts. In: Kürbiskern. 1985. H. 4. S. 82–107

Namenregister

Die kursiv gesetzten Zahlen bezeichnen die Abbildungen

Nachbemerkung und Dank

Unveröffentlichte Quellen befinden sich in Angelsbruck, u. a. Briefe, Verträge, Stückvarianten, Notathefte und Manuskripte. Den Nachlaß betreut Pia Kipphardt. Ich hatte Gelegenheit, einige Quellen einzusehen und sie für die Monographie zu nutzen. Darüber hinaus sind Briefe und frühe, bisher unveröffentlichte Gedichte im Besitz von Lore Kipphardt, Tutzing. Sie gestattete den erstmaligen Abdruck eines Gedichts und mehrerer Briefstellen. Frau Urs Kilger in Berlin (DDR) erlaubte ebenfalls den Abdruck einiger Briefpassagen, die bisher unveröffentlicht sind.

Frau Pia Kipphardt und Frau Lore Kipphardt haben mich bei meiner Arbeit freundschaftlich unterstützt.

Professor Gert-Joachim Glaeßner (Berlin) und Dr. Bernhard Doppler (Bielefeld) danke ich für die Durchsicht des Manuskripts.

Den folgenden Personen bin ich zu Dank verpflichtet, sie haben mir Fragen beantwortet und von Heinar Kipphardt erzählt: Ruth Drexel (München), Peter Fischer (Berlin), Inge und Stefan Heym (Berlin, DDR), Robert Hübner (Berlin, DDR), Urs Kilger (Berlin, DDR), Gertraut Last (Berlin, DDR), Gisela May (Berlin, DDR), Uwe Timm (Herrsching), Manfred Wekwerth (Berlin, DDR), Rudolf Wessely (Wien) und Wolfgang Zimmermann (München).

Über den Autor

Adolf Stock, geboren 1951 in Bad Wildungen. Lebt in Berlin. Essayistische und wissenschaftliche Beiträge zur Kulturpolitik, Gegenwartsliteratur und zum städtischen Lebensraum. Literarische Arbeiten.

Quellennachweis der Abbildungen

Linde Schleinkofer-Kipphardt, Ebersberg: 8, 24, 26, 31, 35, 36, 37, 82/83, 86o., 104, 126/127
Aus: Kennzeichen «J», Frankfurt a. M. 1979: 20
Aus: Peter Goodchild, J. Robert Oppenheimer, Basel – Boston – Stuttgart 1982: 78
Süddeutscher Verlag, Bilderdienst: 27, 55, 58/59, 74, 96, 98
dpa: 49
Lore Bermbach: 93
Privatbesitz Roman Ritter: 117
Mario Pelizzoli, Essen: 129
Foto Kaspar Seiffert: 111
Foto Klaus Eschen: 102
Akademie der Künste der DDR, Berlin: 84
Isolde Ohlbaum, München: 130/131
Landesbildstelle Bremen: 123

Alle anderen Fotos stellte uns freundlicherweise Frau Pia Kipphardt zur Verfügung.

Heinar Kipphardt

Werkausgabe
Herausgegeben von Uwe Naumann
Die gesammelten Werke Heinar
Kipphardts erscheinen, kommentiert und
um Nachlaß-Material ergänzt, in Einzel-
ausgaben als rororo-Taschenbücher

Die ersten Bände:

Bruder Eichmann
Schauspiel und Materialien (5716)

Traumprotokolle
(5818)

März
Roman und Materialien (5877)

In der Sache J. Robert Oppenheimer
Ein Stück und seine Geschichte
erscheint im Oktober 1987 (2111)

Außerdem lieferbar:

Der Mann des Tages
und andere Erzählungen (4803)

Angelsbrucker Notizen
Gedichte (5605)

Heinar Kipphardt
mit Selbstzeugnissen und Bilddokumenten
dargestellt von Adolf Stock
(rowohlts monographien 364)

C 2193/4